국가수준

학업성취도 평가 —

문제집

수학 | 사회 | 과학

Chunjae
Makes
Chunjae

▼

학업성취도 평가 | 초등 수학·사회·과학

기획총괄	오병목
편집개발	박금옥, 이근우, 조미연, 윤미화, 조진형, 박병천
디자인총괄	김희정
표지디자인	윤순미, 김지현
내지디자인	박희춘, 이혜미
제작	황성진, 조규영

발행일	2022년 7월 15일 초판 2022년 7월 15일 1쇄
발행인	(주)천재교육
주소	서울시 금천구 가산로9길 54
신고번호	제2001-000018호
고객센터	1577-0902

국가수준

학업성취도 평가

문제집 | Part 1

초 **6**

수학
사회
과학

차례

국가수준
학업성취도 평가

수학

초등 6학년

학습 및 출제 범위

5학년 2학기 ~ 6학년 1학기

▶ 범위 1~3단원

개념 1 수의 범위와 어림하기

❍ ■ 이상인 수
■와 같거나 큰 수
⇨ ■가 포함됩니다.

❍ ■ 초과인 수
■보다 **❶** 수
⇨ ■가 포함되지 않습니다.

❍ ■ 이하인 수
■와 같거나 작은 수
⇨ ■가 포함됩니다.

❍ ■ 미만인 수
■보다 **❷** 수
⇨ ■가 포함되지 않습니다.

답 | ❶ 큰 ❷ 작은

보기

≫ 4 이상 7 이하인 수
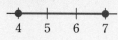

≫ 4 초과 7 미만인 수
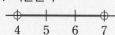

개념 2 수의 범위와 어림하기

❍ **올림**: 구하려는 자리의 아래 수를 **❶** 려서 나타내는 방법
예 234를 올림하여 십의 자리까지 나타내면 240입니다.

❍ **버림**: 구하려는 자리의 아래 수를 **❷** 려서 나타내는 방법
예 234를 버림하여 십의 자리까지 나타내면 230입니다.

❍ **반올림**: 구하려는 자리 바로 아래 자리의 숫자가 0, 1, 2, 3,
4이면 버리고 5, 6, 7, 8, 9이면 올려서 나타내는 방법
예 325를 반올림하여 십의 자리까지 나타내면 330입니다.

답 | ❶ 올 ❷ 버

보기

≫ 314를 올림하여 십의 자리까지 나타낼 때에는 십의 자리 아래 수인 4를 10으로 보고 320으로 나타냅니다.

≫ 314를 버림하여 십의 자리까지 나타낼 때에는 십의 자리 아래 수인 4를 0으로 보고 310으로 나타냅니다.

개념 3 분수의 곱셈

❍ **(진분수) × (자연수)**
분자와 자연수를 곱하기

$$\frac{1}{5} \times 4 = \frac{1 \times 4}{5} = \frac{\boxed{❶}}{5}$$

❍ **(자연수) × (진분수)**
자연수와 분자를 곱하기

$$4 \times \frac{2}{9} = \frac{4 \times 2}{9} = \frac{\boxed{❷}}{9}$$

❍ **(대분수) × (자연수)**
대분수를 가분수로 나타낸 후 분자와 자연수를 곱하기

$$1\frac{1}{2} \times 3 = \frac{3}{2} \times 3 = \frac{9}{2} = 4\frac{1}{2}$$

❍ **(자연수) × (대분수)**
대분수를 가분수로 나타낸 후 자연수와 분자를 곱하기

$$5 \times 1\frac{1}{4} = 5 \times \frac{5}{4} = \frac{25}{4} = 6\frac{1}{4}$$

보기

≫ $\frac{1}{6} \times 5$를 계산할 때 분자와 자연수를 곱합니다.

$$\frac{1}{6} \times 5 = \frac{1 \times 5}{6} = \frac{5}{6}$$

≫ $2 \times 1\frac{2}{3}$를 계산할 때 $1\frac{2}{3}$를 가분수로 나타낸 후 자연수와 분자를 곱합니다.

$$2 \times 1\frac{2}{3} = 2 \times \frac{5}{3} = \frac{2 \times 5}{3}$$

$$= \frac{10}{3} = 3\frac{1}{3}$$

답 | ❶ 4 ❷ 8

확인 1-1

알맞은 말에 ○표 하시오.

(1) 10보다 작은 수를 10 (초과 , 미만)인 수라
고 합니다.

(2) 8보다 큰 수를 8 (초과 , 미만)인 수라고 합
니다.

풀이 | (1) 10보다 작은 수는 10 **❶**〔 　 〕인 수입니다.

(2) 8보다 큰 수는 8 **❷**〔 　 〕인 수입니다.

답 | ❶ 미만 ❷ 초과

1-2 보기에서 알맞은 말을 찾아 □ 안에 써넣으시오.

┌ 보기 ┐
이상　　이하
└──────┘

(1) 6과 같거나 큰 수를 6 □ 인 수라고 합니다.

(2) 4와 같거나 작은 수를 4 □ 인 수라고 합
니다.

확인 2-1

알맞은 말에 ○표 하시오.

(1) 구하려는 자리의 아래 수를 올려서 나타내는
방법을 (올림 , 버림)이라고 합니다.

(2) 구하려는 자리의 아래 수를 버려서 나타내는
방법을 (버림 , 반올림)이라고 합니다.

풀이 | (1) 구하려는 자리의 아래 수를 올려서 나타내는
방법은 **❶**〔 　 〕림입니다.

(2) 구하려는 자리의 아래 수를 버려서 나타내는 방법은
❷〔 　 〕림입니다.

답 | ❶ 올 ❷ 버

2-2 보기에서 알맞은 수를 찾아 □ 안에 써넣으시오.

(1) 423을 올림하여 십의 자리까지 나타내면
□ 입니다.

(2) 423을 버림하여 십의 자리까지 나타내면
□ 입니다.

확인 3-1

알맞은 것에 ○표 하시오.

$$1\frac{2}{5} \times 6 = \frac{7}{5} \times 6 = \left(\frac{7 \times 6}{5} , \frac{7}{5 \times 6} \right)$$

풀이 | 대분수를 **❶**〔 　 〕분수로 바꾼 후 분수의 분자와 자
연수를 곱합니다. ⇨ $1\frac{2}{5} \times 6 = \frac{7}{5} \times 6 = \frac{7 \times \boxed{❷}}{5}$

답 | ❶ 가 ❷ 6

3-2 보기에서 알맞은 수를 찾아 □ 안에 써넣으시오.

$$\frac{2}{3} \times 4 = \frac{2 \times \square}{3} = \frac{\square}{3} = 2\frac{2}{3}$$

개념 4 분수의 곱셈

○ (진분수) × (진분수)

분모는 분모끼리, 분자는 ❶⬚ 끼리 곱합니다.

$$\frac{3}{4} \times \frac{5}{7} = \frac{3 \times 5}{4 \times 7} = \frac{15}{28}$$

○ (대분수) × (대분수)

대분수를 가분수로 나타낸 후에 분모는 분모끼리,
분자는 ❷⬚ 끼리 곱합니다.

$$1\frac{1}{2} \times 2\frac{1}{4} = \frac{3}{2} \times \frac{9}{4} = \frac{3 \times 9}{2 \times 4} = \frac{27}{8} = 3\frac{3}{8}$$

답 | ❶ 분자 ❷ 분자

보기

$$\gg \frac{1}{7} \times \frac{3}{5} = \frac{1 \times 3}{7 \times 5} = \frac{3}{35}$$

$$\gg 1\frac{2}{5} \times 2\frac{1}{3} = \frac{7}{5} \times \frac{7}{3} = \frac{7 \times 7}{5 \times 3}$$
$$= \frac{49}{15} = 3\frac{4}{15}$$

참고

(단위분수) × (단위분수)의 분자는 1입니다.

개념 5 합동과 대칭

○ 선대칭도형

• 한 직선을 따라 접었을 때 완전히 겹치는 도형을 선대칭도형
이라고 합니다. 이때 그 직선을 대칭축이라고 합니다.

• 대칭축을 따라 접었을 때 겹치는 ❶⬚ 을 대응점, 겹치는 변
을 대응변, 겹치는 ❷⬚ 을 대응각이라고 합니다.

답 | ❶ 점 ❷ 각

보기

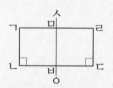

≫ 점 ㄱ의 대응점은 점 ㄹ입니다.

≫ 변 ㄱㄴ의 대응변은 변 ㄹㄷ입니다.

≫ 각 ㄱㄴㄷ의 대응각은 각 ㄹㄷㄴ입니다.

참고

대칭축의 개수는 도형의 모양에 따라 여러
개일 수도 있습니다.

개념 6 합동과 대칭

○ 점대칭도형

• 어떤 점을 중심으로 180° 돌렸을 때 처음 도형과 겹치는 도
형을 점대칭도형이라고 합니다. 이때 그 점을 대칭의 중심이
라고 합니다.

• 대칭의 중심을 중심으로 180° 돌렸을 때 겹치는 점을 대응
점, 겹치는 ❶⬚ 을 대응변, 겹치는 ❷⬚ 을 대응각이라고 합
니다.

답 | ❶ 변 ❷ 각

보기

≫ 점 ㄱ의 대응점은 점 ㄷ입니다.

≫ 변 ㄱㄴ의 대응변은 변 ㄷㄹ입니다.

≫ 각 ㄱㄴㄷ의 대응각은 각 ㄷㄹㄱ입니다.

참고

점대칭도형에서 대칭의 중심은 1개만 있습
니다.

확인 4-1

보기에서 알맞은 수를 찾아 ☐ 안에 써넣으시오.

┌ 보기 ┐

1   3

(1) $\dfrac{1}{3} \times \dfrac{1}{4} = \dfrac{\boxed{}}{12}$ (2) $\dfrac{1}{4} \times \dfrac{3}{5} = \dfrac{\boxed{}}{20}$

풀이 | (1) (단위분수)×(단위분수)의 분자는 **❶** 입니다.

(2) 분자는 분자끼리 곱합니다. ⇨ $1 \times 3 =$ **❷**

답 | ❶ 1   ❷ 3

4-2 알맞은 수에 ◯표 하시오.

(1) $\dfrac{1}{2} \times \dfrac{3}{4} = \dfrac{1 \times 3}{2 \times 4} = \left(\dfrac{3}{8} , \dfrac{8}{3} \right)$

(2) $\dfrac{4}{5} \times \dfrac{2}{3} = \dfrac{4 \times 2}{5 \times 3} = \left(\dfrac{8}{15} , \dfrac{15}{8} \right)$

확인 5-1

선대칭도형인 것에 ◯표 하시오.

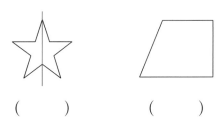

(   )   (   )

풀이 | 한 **❶** 을 따라 접었을 때 완전히 겹치는 도형이 **❷** 대칭도형입니다.

답 | ❶ 직선   ❷ 선

5-2 보기에서 알맞은 말을 찾아 ☐ 안에 써넣으시오.

┌ 보기 ┐

직선   선

한 ☐ 을 따라 접었을 때 완전히 겹치는 도형을 ☐ 대칭도형이라고 합니다.

확인 6-1

보기에서 알맞은 말을 찾아 ☐ 안에 써넣으시오.

┌ 보기 ┐

점

선

위의 도형은 ☐ 대칭도형입니다.

풀이 | 어떤 점을 중심으로 **❶** ° 돌렸을 때 처음 도형과 겹치는 도형이므로 **❷** 대칭도형입니다.

답 | ❶ 180   ❷ 점

6-2 알맞은 말에 ◯표 하시오.

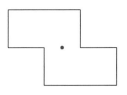

위의 도형은 (선 , 점)대칭도형입니다.

수
학

체크 1-1 수직선에 나타낸 수의 범위

수의 범위를 수직선에 바르게 나타낸 것에 ◯표 하시오.

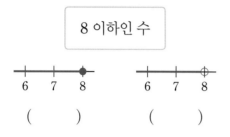

8 이하인 수

(   )   (   )

> **도움말**
> 8 이하인 수 ⇨ 8과 같거나 작은 수

1-2

13 초과인 수를 수직선에 바르게 나타낸 것은 어느 것입니까? (   )

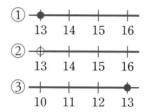

체크 2-1 반올림하여 나타내기

알맞은 수에 ◯표 하시오.

216을 반올림하여 십의 자리까지 나타내면 (210 , 220)입니다.

> **도움말**
> 반올림은 구하려는 자리 바로 아래 자리의 숫자가 0, 1, 2, 3, 4이면 버리고 5, 6, 7, 8, 9이면 올려서 나타내는 방법입니다.

2-2

1248을 반올림하여 주어진 자리까지 나타내려고 합니다. 잘못 설명한 것은 어느 것입니까? (   )

① 1248을 반올림하여 천의 자리까지 나타내면 백의 자리 숫자가 2이므로 1100입니다.

② 1248을 반올림하여 백의 자리까지 나타내면 십의 자리 숫자가 4이므로 1200입니다.

③ 1248을 반올림하여 십의 자리까지 나타내면 일의 자리 숫자가 8이므로 1250입니다.

체크 3-1 (자연수) × (분수) 계산하기

알맞은 수에 ◯표 하시오.

$$4 \times 2\frac{3}{4} = \overset{1}{4} \times \frac{11}{\underset{1}{4}} = (\ 4\ ,\ 11\ )$$

> **도움말**
> 곱하는 분수가 대분수일 경우 가분수로 나타냅니다.

3-2

☐ 안에 알맞은 수는 어느 것입니까? (   )

$$\overset{5}{20} \times \frac{9}{\underset{4}{16}} = \boxed{}\frac{1}{4}$$

① 10   ② 11   ③ 12

체크 4-1 (대분수) × (대분수) 계산하기

알맞은 수에 ○표 하시오.

$$1\frac{1}{5} \times 1\frac{1}{7} = \frac{6}{5} \times \frac{8}{7} = (\,\frac{13}{35}\,,\ 1\frac{13}{35}\,)$$

도움말

(대분수) × (대분수)에서 대분수를 가분수로 나타낸 후에 분모는 분모끼리, 분자는 분자끼리 곱합니다.

4-2

보기 에서 알맞은 수를 찾아 □ 안에 써넣으시오.

보기

> 1　　2　　3

$$1\frac{2}{3} \times 1\frac{2}{9} = \frac{5}{3} \times \frac{11}{9} = \boxed{}\frac{1}{27}$$

체크 5-1 선대칭도형에서 대응점 찾기

다음 도형은 선대칭도형입니다. 점 ㄱ의 대응점은 어느 것입니까? (　　　)

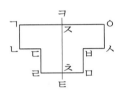

① 점 ㄴ　　　② 점 ㅅ　　　③ 점 ㅇ

도움말

대칭축을 따라 접었을 때 겹치는 점을 대응점이라고 합니다.

5-2

보기 에서 알맞은 것을 찾아 □ 안에 써넣으시오.

보기

> ㄴ　　ㄷ　　ㄹ

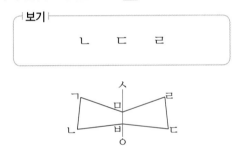

점 ㄱ의 대응점은 점 □ 입니다.

체크 6-1 점대칭도형에서 대응변 찾기

다음 도형은 점대칭도형입니다. 변 ㄱㄴ의 대응변은 어느 것입니까? (　　　)

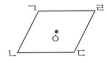

① 변 ㄴㄷ　　② 변 ㄷㄹ　　③ 변 ㄹㄱ

도움말

대칭의 중심을 중심으로 180° 돌렸을 때 겹치는 변을 대응변이라고 합니다.

6-2

보기 에서 알맞은 것을 찾아 □ 안에 써넣으시오.

보기

> ㄷㄴ　　ㄹㄷ　　ㅁㄹ

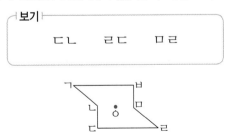

변 ㄱㅂ의 대응변은 변 □ 입니다.

개념 1 소수의 곱셈

○ (소수)×(자연수)

$0.2 = \dfrac{\boxed{❶}}{10}$ 이므로 $0.2 \times 6 = \dfrac{2}{10} \times 6 = \dfrac{12}{10} = 1.2$입니다.

○ (자연수)×(소수)

$3 \times 2 = 6$

$\dfrac{1}{10}$배 ↓ $\dfrac{1}{10}$배 ↓

$3 \times 0.2 = \boxed{❷}$

> 3×0.2는 3×2의 $\dfrac{1}{10}$배인 0.6이 됩니다.

보기

≫ $1.5 = \dfrac{15}{10}$이므로

$1.5 \times 3 = \dfrac{15}{10} \times 3 = \dfrac{45}{10} = 4.5$입니다.

참고

0.5×3과 3×0.5의 계산 결과는 1.5로 같습니다.

답 | ❶ 2 ❷ 0.6

개념 2 소수의 곱셈

○ (소수)×(소수)

$4 \times 3 = 12$

$\dfrac{1}{10}$배 ↓ $\dfrac{1}{10}$배 ↓ $\dfrac{1}{100}$배 ↓

$0.4 \times 0.3 = 0.12$

> 0.4×0.3은 4×3의 $\dfrac{1}{100}$배인 ❶ $\boxed{}$ 가 됩니다.

○ 곱의 소수점의 위치

· 소수에 10, 100, 1000을 곱하면 곱의 소수점이 오른쪽으로 한 자리, 두 자리, 세 자리 옮겨집니다.

· 자연수에 0.1, 0.01, 0.001을 곱하면 소수점이 ❷ $\boxed{}$ 으로 한 자리, 두 자리, 세 자리 옮겨집니다.

보기

≫ $4 \times 9 = 36$이고 0.4는 4의 $\dfrac{1}{10}$배,

0.9는 9의 $\dfrac{1}{10}$배이므로 0.4×0.9의 계산 결과는 36의 $\dfrac{1}{100}$배인 0.36입니다.

≫ $2.5 \times 10 = 25$
$2.5 \times 100 = 250$
$2.5 \times 1000 = 2500$
≫ $25 \times 0.1 = 2.5$
$25 \times 0.01 = 0.25$
$25 \times 0.001 = 0.025$

답 | ❶ 0.12 ❷ 왼쪽

개념 3 직육면체

○ 직육면체: 직사각형 6개로 둘러싸인 도형

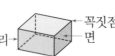

○ 면: 직육면체에서 선분으로 둘러싸인 부분

○ 모서리: 면과 ❶ $\boxed{}$ 이 만나는 선분

○ 꼭짓점: 모서리와 모서리가 만나는 ❷ $\boxed{}$

○ 밑면: 서로 평행한 두 면

○ 옆면: 밑면과 수직인 면

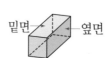

보기

≫ 직사각형 6개로 둘러싸여 있으므로 직육면체입니다.

≫ 정사각형 6개로 둘러싸여 있으므로 정육면체입니다.

답 | ❶ 면 ❷ 점

확인 1-1

보기에서 알맞은 수를 찾아 ☐ 안에 써넣으시오.

┌보기─────────────────┐
│   4.5   45   │
└──────────────────────┘

$$0.5 \times 9 = \frac{\boxed{}}{10} = \boxed{}$$

풀이ㅣ 0.5는 $\dfrac{❶\boxed{}}{10}$이므로 $\dfrac{5}{10} \times 9 = \dfrac{45}{10} = ❷\boxed{}$입니다.

답ㅣ ❶5 ❷4.5

1-2 분수의 곱셈으로 계산하려고 합니다. 알맞은 수에 ◯표 하시오.

$$0.6 \times 7 = \frac{6}{10} \times 7 = \frac{42}{10} = (\,4.2\,,\,42\,)$$

확인 2-1

$36 \times 1 = 36$임을 이용하여 보기에서 알맞은 수를 찾아 ☐ 안에 써넣으시오.

┌보기─────────────────┐
│   3.6   36   │
└──────────────────────┘

$$36 \times 0.1 = \boxed{}$$

풀이ㅣ 36에 0.1을 곱하면 소수점이 ❶$\boxed{}$으로 한 자리 옮겨집니다. ⇨ $36 \times 0.1 = ❷\boxed{}$

답ㅣ ❶왼쪽 ❷3.6

2-2 자연수의 곱셈을 이용하여 알맞은 수에 ◯표 하시오.

┌──────────────────────┐
│ $74 \times 1 = 74$ │
└──────────────────────┘

(1) $74 \times 0.1 = (\,7.4\,,\,740\,)$

(2) $74 \times 0.01 = (\,7.4\,,\,0.74\,)$

확인 3-1

보기에서 알맞은 수를 찾아 ☐ 안에 써넣으시오.

┌보기────────┐
│   3   6   │
└──────────────┘

직육면체는 직사각형 ☐개로 둘러싸여 있습니다.

풀이ㅣ ❶$\boxed{}$사각형 ❷$\boxed{}$개로 둘러싸인 도형을 직육면체라고 합니다.

답ㅣ ❶직 ❷6

3-2 도형을 보고 알맞은 말에 ◯표 하시오.

위의 도형은 (직육면체 , 정육면체)입니다.

개념 4 직육면체

- **직육면체의 겨냥도**: 직육면체 모양을 잘 알 수 있
  도록 나타낸 그림
  보이는 모서리는 실선으로, 보이지 않는 모서리는
  점선으로 그립니다.

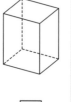

- **직육면체의 전개도**: 직육면체의 모서리를 잘라서
  펼친 그림
  잘린 모서리는 실선으로, 잘리지 않는 모서리는
  ❶ [   ]으로 그립니다. 직육면체의 전개도를 접었
  을 때 겹치는 면이 없고 만나는 선분끼리 ❷ [   ]가 같습니다.

답 | ❶점선 ❷길이

보기

» 직육면체의 겨냥도에서 보이는 면은 3개,
  보이지 않는 면은 3개입니다.

» 직육면체의 겨냥도에서 보이는 모서리는
  9개, 보이지 않는 모서리는 3개입니다.

» 직육면체의 겨냥도에서 보이는 꼭짓점은
  7개, 보이지 않는 꼭짓점은 1개입니다.

개념 5 평균과 가능성

- **평균**: 자료의 값을 모두 더해 자료의 수로 나눈 값

  $$(평균) = (자료\ 값의\ ❶[\quad]) \div (자료의\ 수)$$

- **평균을 구하는 방법**

  방법1 각 자료의 값이 고르게 되도록 자료의 값을 옮겨 구합니다.

  방법2 자료의 값을 모두 더해 자료의 ❷ [   ]로 나누어 구합니다.

답 | ❶합 ❷수

보기

» | 1점 2점 3점 |

세 점수의 평균을 구하면
$(1+2+3) \div 3 = 6 \div 3 = 2$(점)입니다.

개념 6 평균과 가능성

- **가능성**: 어떠한 상황에서 특정한 일이 일어나길 기대할 수 있
  는 정도

  가능성의 정도는 ❶ [   ]하다, ~아닐 것 같다, 반반이다,
  ~일 것 같다, ❷ [   ]하다 등으로 표현할 수 있습니다.

- **일이 일어날 가능성 비교하기**

← 일이 일어날 가능성이 낮습니다.　일이 일어날 가능성이 높습니다. →

~아닐 것 같다	~일 것 같다

불가능하다　　　　반반이다　　　　확실하다

답 | ❶불가능 ❷확실

보기

» 해가 서쪽에서 뜰 가능성은 '불가능하다'
  입니다.

참고

일이 일어날 가능성을 수로 표현하기

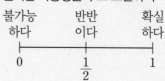

불가능　　　반반　　　확실
하다　　　이다　　　하다

0　　　$\dfrac{1}{2}$　　　1

확인 4-1

보기 에서 알맞은 말을 찾아 □ 안에 써넣으시오.

┌ 보기 ┐
점선
실선
└─────┘

직육면체의 겨냥도에서 보이는 모서리는 □ 으로 나타냅니다.

풀이 │ 직육면체의 겨냥도에서 보이는 모서리는 ❶ 으로, 보이지 않는 모서리는 ❷ 으로 나타냅니다.

답 │ ❶ 실선 ❷ 점선

4-2 알맞은 수에 ○표 하시오.

직육면체의 겨냥도에서 보이는 모서리는 (3 , 9)개입니다.

확인 5-1

1점과 5점의 평균을 구하려고 합니다. 보기 에서 알맞은 수를 찾아 □ 안에 써넣으시오.

┌ 보기 ┐
2   3
└─────┘

(평균)=(1+5)÷□=□(점)

풀이 │ (평균)=(1+5)÷2
=6÷❶=❷(점)

답 │ ❶2 ❷3

5-2 은진이와 진희가 맞힌 화살 수를 나타낸 표입니다. 알맞은 수에 ○표 하시오.

맞힌 화살 수

이름	은진	진희
화살 수(개)	5	7

(두 사람이 맞힌 화살 수의 평균)
=(5+7)÷2=(5 , 6)(개)

확인 6-1

알맞은 말에 ○표 하시오.

오늘이 토요일일 때 내일이 일요일일 가능성은 (불가능하다 , 확실하다)입니다.

풀이 │ 토요일 다음은 ❶ 요일이므로 오늘이 토요일일 때 내일이 일요일일 가능성은 '❷ 하다'입니다.

답 │ ❶일 ❷확실

6-2 보기 에서 알맞은 말을 찾아 □ 안에 써넣으시오.

숫자 면   그림 면

┌ 보기 ┐
반반이다
확실하다
└─────┘

100원짜리 동전을 던졌을 때 숫자 면이 나올 가능성은 '□'입니다.

수학

체크 1-1 (자연수) × (소수) 계산하기

알맞은 수에 ○표 하시오.

$$3 \times 5 = 15$$

$\frac{1}{10}$배 ↓ $\frac{1}{10}$배 ↓

$$3 \times 0.5 = (15 , 1.5)$$

도움말

곱하는 수가 $\frac{1}{10}$배가 되면 계산 결과도 $\frac{1}{10}$배가 됩니다.

1-2

보기에서 알맞은 수를 찾아 ☐ 안에 써넣으시오.

┌보기┐

4.2   42   420

(1) $7 \times 6 = 42$

$\frac{1}{10}$배 ↓ $\frac{1}{10}$배 ↓

$$7 \times 0.6 = \boxed{}$$

(2) $70 \times 6 = 420$

$\frac{1}{10}$배 ↓ $\frac{1}{10}$배 ↓

$$70 \times 0.6 = \boxed{}$$

체크 2-1 (소수) × (소수) 계산하기

알맞은 수에 ○표 하시오.

$$12 \times 8 = 96$$

$\frac{1}{10}$배 ↓ $\frac{1}{10}$배 ↓ $\frac{1}{100}$배 ↓

$$1.2 \times 0.8 = (0.96 , 9.6)$$

도움말

곱해지는 수가 $\frac{1}{10}$배, 곱하는 수가 $\frac{1}{10}$배가 되면 계산 결과는 $\frac{1}{100}$배가 됩니다.

2-2

$8 \times 11 = 88$임을 이용하면 0.8×1.1의 계산 결과는 어느 것입니까? (   )

① 0.088   ② 0.88

③ 8.8

체크 3-1 직육면체의 구성 요소

보기에서 알맞은 말을 찾아 ☐ 안에 써넣으시오.

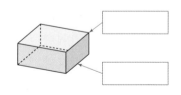

┌보기┐

면

모서리

꼭짓점

도움말

면과 면이 만나는 선분은 모서리, 모서리와 모서리가 만나는 점은 꼭짓점입니다.

3-2

다음 중 ☐ 안에 들어갈 말로 알맞은 것은 어느 것입니까? (   )

직육면체에서 선분으로 둘러싸인 부분은 ☐ 입니다.

① 면   ② 모서리   ③ 꼭짓점

체크 4-1 직육면체의 전개도

직육면체의 전개도를 바르게 그린 것에 ○표 하시오.

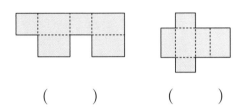

(   )   (   )

도움말

직육면체의 전개도는 직사각형 6개로 이루어져 있고, 접었을 때 겹치는 면이 없으며 만나는 선분끼리 길이가 같아야 합니다.

4-2

직육면체의 전개도를 보고 알맞은 말에 ○표 하시오.

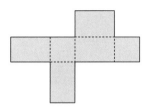

직육면체의 전개도에서 잘린 모서리는 (실선 , 점선)으로 나타냅니다.

체크 5-1 세 수의 평균 구하기

5점, 7점, 6점의 평균을 구하려고 합니다. 보기 에서 알맞은 수를 찾아 □ 안에 써넣으시오.

┌─ 보기 ─┐
5   6   7
└────────┘

평균은 □ 점입니다.

도움말

(평균)=(자료 값의 합)÷(자료의 수)

5-2

석현이네 모둠 학생들이 빌린 책의 수를 나타낸 표입니다. 석현이네 모둠 학생들이 빌린 책의 수의 평균은 몇 권입니까? (   )

석현이네 모둠 학생들이 빌린 책 수

이름	석현	지효	혜주
책 수(권)	1	2	6

① 3권   ② 4권   ③ 5권

체크 6-1 일이 일어날 가능성을 수로 표현하기

알맞은 수에 ○표 하시오.

내일 아침에 해가 3개 뜰 가능성을 수로 표현하면 (0 , 1)입니다.

도움말

해가 3개 뜰 가능성은 '불가능하다'입니다.

6-2

보기 에서 알맞은 수를 찾아 □ 안에 알맞은 수를 써넣으시오.

┌─ 보기 ─┐
0   1
└────────┘

회전판을 돌렸을 때 화살이 빨간색에 멈출 가능성을 수로 표현하면 □ 입니다.

수학

개념 1 분수의 나눗셈

○ (자연수)÷(자연수)의 몫을 분수로 나타내기

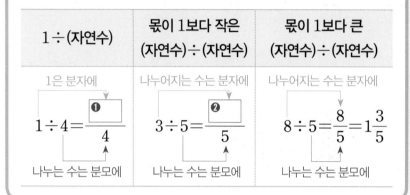

1÷(자연수)	몫이 1보다 작은 (자연수)÷(자연수)	몫이 1보다 큰 (자연수)÷(자연수)
1은 분자에 $1 \div 4 = \dfrac{\boxed{\scriptsize ➊}}{4}$ 나누는 수는 분모에	나누어지는 수는 분자에 $3 \div 5 = \dfrac{\boxed{\scriptsize ➋}}{5}$ 나누는 수는 분모에	나누어지는 수는 분자에 $8 \div 5 = \dfrac{8}{5} = 1\dfrac{3}{5}$ 나누는 수는 분모에

답 | ➊ 1 ➋ 3

보기

» $1 \div 8$의 몫을 분수로 나타낼 때에는 1은 분자에, 8은 분모에 놓으면 됩니다.

⇨ $1 \div 8 = \dfrac{1}{8}$

참고

(자연수)÷(자연수)의 몫은 나누어지는 수를 분자, 나누는 수를 분모로 하는 분수로 나타낼 수 있습니다.

개념 2 분수의 나눗셈

○ (분수)÷(자연수) 계산하기

방법1 분자가 자연수의 배수이면 분자를 자연수로 나누기

$$\dfrac{4}{7} \div 2 = \dfrac{4 \div 2}{7} = \dfrac{\boxed{\scriptsize ➊}}{7}$$

방법2 분자가 자연수의 배수가 아니면 크기가 같은 분수 중에서 분자가 자연수의 배수인 수로 바꾸어 계산하기

$$\dfrac{7}{8} \div 2 = \dfrac{7 \times 2}{8 \times 2} \div 2 = \dfrac{14}{16} \div 2 = \dfrac{14 \div 2}{16} = \dfrac{\boxed{\scriptsize ➋}}{16}$$

방법3 분수의 곱셈으로 나타내어 계산하기

$$\dfrac{3}{5} \div 2 = \dfrac{3}{5} \times \dfrac{1}{2} = \dfrac{3}{10}$$

답 | ➊ 2 ➋ 7

보기

» $\dfrac{8}{9} \div 2$에서 분자 8은 2의 배수이므로

$\dfrac{8}{9} \div 2 = \dfrac{8 \div 2}{9} = \dfrac{4}{9}$입니다.

참고

분수의 곱셈으로 나타내어 계산할 때에는 $\div$(자연수)를 $\times \dfrac{1}{(자연수)}$로 바꾼 다음 계산합니다.

개념 3 각기둥과 각뿔

○ 각기둥 알아보기

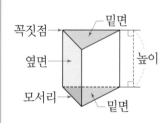

각기둥의 밑면은 ➊ ☐ 개이고 옆면은 모두 직사각형입니다.

각기둥은 ➋ ☐ 의 모양에 따라 삼각기둥, 사각기둥, 오각기둥······ 이라고 합니다.

답 | ➊ 2 ➋ 밑면

보기

» 밑면의 모양이 삼각형이면 삼각기둥, 사각형이면 사각기둥, 오각형이면 오각기둥 ······입니다.

확인 1-1

보기 에서 알맞은 수를 찾아 □ 안에 써넣으시오.

┌─ 보기 ─┐
│ 5   7 │
└─────────┘

$$5 \div 7 = \frac{\square}{\square}$$

풀이│ (자연수)÷(자연수)의 몫은 나누어지는 수를 분자, 나누는 수를 분모로 하는 분수로 나타낼 수 있습니다. ⇨ $5 \div 7 = \dfrac{\boxed{❶}}{\boxed{❷}}$

답│ ❶ 5 ❷ 7

1-2 알맞은 수에 ○표 하시오.

(1) $2 \div 3$의 몫을 분수로 나타내면 $\left(\dfrac{2}{3} , \dfrac{3}{2} \right)$입니다.

(2) $4 \div 9$의 몫을 분수로 나타내면 $\left(\dfrac{4}{9} , \dfrac{9}{4} \right)$입니다.

확인 2-1

보기 에서 알맞은 수를 찾아 □ 안에 써넣으시오.

┌─ 보기 ─┐
│ 2   3 │
└─────────┘

$$\frac{6}{11} \div 2 = \frac{6 \div \square}{11} = \frac{\square}{11}$$

풀이│ 분자가 자연수의 배수이므로 분자를 자연수로 나눕니다. ⇨ $\dfrac{6}{11} \div 2 = \dfrac{6 \div \boxed{❶}}{11} = \dfrac{\boxed{❷}}{11}$

답│ ❶ 2 ❷ 3

2-2 알맞은 것에 ○표 하시오.

(1) $\dfrac{1}{4} \div 4$를 곱셈으로 나타내면 $\left(\dfrac{1}{4} \times \dfrac{1}{4} , \dfrac{1}{4} \times 4 \right)$입니다.

(2) $\dfrac{7}{3} \div 3$을 곱셈으로 나타내면 $\left(\dfrac{7}{3} \times \dfrac{1}{3} , \dfrac{7}{3} \times 3 \right)$입니다.

확인 3-1

보기 에서 알맞은 말을 찾아 □ 안에 써넣으시오.

┌─ 보기 ─┐
│ 밑면 │
│ 옆면 │
└─────────┘

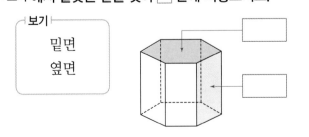

풀이│ 서로 평행하고 합동인 두 면을 ❶□ 이라고 하고 두 밑면과 만나는 면을 ❷□ 이라고 합니다.

답│ ❶ 밑면 ❷ 옆면

3-2 알맞은 말에 ○표 하시오.

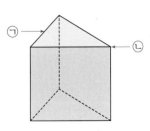

(1) ㉠은 (꼭짓점 , 모서리)입니다.

(2) ㉡은 (꼭짓점 , 모서리)입니다.

개념 4 각기둥과 각뿔

◎ 각뿔 알아보기

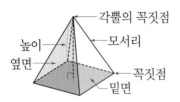

각뿔의 꼭짓점
높이
옆면
모서리
꼭짓점
밑면

각뿔의 밑면은 ❶ ⬜ 개이고 옆면은 모두 삼각형입니다.

각뿔은 ❷ ⬜ 의 모양에 따라 삼각뿔, 사각뿔, 오각뿔……이라고 합니다.

> **보기**
>
> » 밑면의 모양이 삼각형이면 삼각뿔, 사각형이면 사각뿔, 오각형이면 오각뿔…… 입니다.

답 | ❶ 1 ❷ 밑면

개념 5 소수의 나눗셈

◎ 13.6÷4의 계산

```
      3.4
  4) 1 3.6
     1 2
       1 6
       1 6
         0
```

자연수의 나눗셈과 같은 방법으로 계산한 뒤 ❶ ⬜ 의 소수점은 나누어지는 수의 소수점을 올려 찍습니다.

◎ 1.38÷6의 계산

```
      0.2 3
  6) 1.3 8
     1 2
       1 8
       1 8
         0
```

나누어지는 수가 나누는 수보다 작은 경우 몫의 자연수 부분에 ❷ ⬜ 을 씁니다.

> **보기**
>
> » 245÷5=49이고 몫의 소수점은 나누어지는 수의 소수점을 올려 찍으면 되므로 24.5÷5=4.9입니다.
>
> **참고**
>
> » 소수의 나눗셈을 분수의 나눗셈으로 바꾸어 계산할 수 있습니다.
>
> $$13.6 \div 4 = \frac{136}{10} \div 4 = \frac{136 \div 4}{10}$$
> $$= \frac{34}{10} = 3.4$$

답 | ❶ 몫 ❷ 0

개념 6 소수의 나눗셈

◎ 1.4÷4의 계산

```
      0.3 5
  4) 1.4 0
     1 2
       2 0
       2 0
         0
```

나누어지는 수의 오른쪽 끝자리에 0이 계속 있는 것으로 생각하고 ❶ ⬜ 을 내려 계산합니다.

◎ 8.2÷4의 계산

```
      2.0 5
  4) 8.2 0
     8
       2 0
       2 0
         0
```

내림한 수가 작아 나누기를 계속할 수 없으면 몫에 ❷ ⬜ 을 쓰고 수를 내려 계산합니다.

> **보기**
>
> » (소수)÷(자연수)를 계산할 때 소수점 아래에서 나누어떨어지지 않는 경우 0을 내려 계산합니다.
>
> ```
>        0.8             0.8 5
>   2) 1.7    ⇨     2) 1.7 0
>      1 6              1 6
>        1                1 0
>                         1 0
>                           0
> ```

답 | ❶ 0 ❷ 0

확인 4-1

보기 에서 알맞은 말을 찾아 □ 안에 써넣으시오.

보기

밑면
옆면

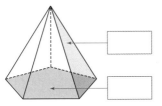

풀이 | 밑에 놓인 면을 ❶ [   ] 이라고 하고 밑면과 만나는 면을 ❷ [   ] 이라고 합니다.

답 | ❶ 밑면 ❷ 옆면

4-2 알맞은 말에 ◯표 하시오.

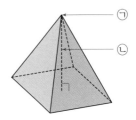

(1) ㉠은 (각뿔의 꼭짓점 , 높이)입니다.

(2) ㉡은 (각뿔의 꼭짓점 , 높이)입니다.

확인 5-1

보기 에서 알맞은 수를 찾아 □ 안에 써넣으시오.

보기

3.9   39   195

$$19.5 \div 5 = \frac{\boxed{}}{10} \div 5 = \frac{\boxed{} \div 5}{10}$$

$$= \frac{\boxed{}}{10} = \boxed{}$$

풀이 | 19.5를 분모가 ❶ [   ] 인 분수로 바꾸고 분자를 나누는 수 ❷ [   ] 로 나눕니다.

답 | ❶ 10 ❷ 5

5-2 알맞은 수에 ◯표 하시오.

(1) $624 \div 4 = 156$
⇨ $62.4 \div 4 = (15.6 , 1.56)$

(2) $768 \div 6 = 128$
⇨ $7.68 \div 6 = (12.8 , 1.28)$

확인 6-1

보기 에서 알맞은 수를 찾아 □ 안에 써넣으시오.

보기

4.35   435   870

$$8.7 \div 2 = \frac{\boxed{}}{100} \div 2 = \frac{\boxed{} \div 2}{100}$$

$$= \frac{\boxed{}}{100} = \boxed{}$$

풀이 | 8.7을 분모가 ❶ [   ] 인 분수로 바꾸고 분자를 나누는 수 ❷ [   ] 로 나눕니다.

답 | ❶ 100 ❷ 2

6-2 알맞은 수에 ◯표 하시오.

(1) $740 \div 4 = 185$
⇨ $7.4 \div 4 = (18.5 , 1.85)$

(2) $920 \div 8 = 115$
⇨ $9.2 \div 8 = (11.5 , 1.15)$

체크 1-1 (자연수)÷(자연수)의 몫을 분수로 나타내기

나눗셈의 몫을 분수로 바르게 나타낸 것은 어느 것입니까? (　　　)

① $3 \div 8 = \dfrac{1}{8}$　　　② $4 \div 7 = \dfrac{7}{4}$

③ $5 \div 9 = \dfrac{5}{9}$

> **도움말**
> (자연수)÷(자연수)의 몫은 나누어지는 수를 분자, 나누는 수를 분모로 하는 분수로 나타냅니다.

1-2

알맞은 수에 ○표 하시오.

(1) $3 \div 4$는 $\dfrac{1}{4}$이 (3 , 4)개이므로 $\left(\dfrac{3}{4} , \dfrac{4}{3} \right)$입니다.

(2) $5 \div 6$은 $\dfrac{1}{6}$이 (5 , 6)개이므로 $\left(\dfrac{5}{6} , \dfrac{6}{5} \right)$입니다.

체크 2-1 (대분수)÷(자연수) 계산하기

알맞은 수에 ○표 하시오.

(1) $1\dfrac{3}{5} \div 7 = \dfrac{8}{5} \div 7 = \dfrac{8}{5} \times \dfrac{1}{7} = \left(\dfrac{8}{35} , \dfrac{5}{56} \right)$

(2) $2\dfrac{1}{4} \div 8 = \dfrac{9}{4} \div 8 = \dfrac{9}{4} \times \dfrac{1}{8} = \left(\dfrac{72}{4} , \dfrac{9}{32} \right)$

> **도움말**
> 대분수를 가분수로 바꾸고 나눗셈을 곱셈으로 나타내어 계산합니다.

2-2

보기에서 알맞은 수를 찾아 □ 안에 써넣으시오.

> **보기**
> 7　　8　　15　　21

$2\dfrac{2}{3} \div 7 = \dfrac{\square}{3} \div 7 = \dfrac{\square}{3} \times \dfrac{1}{\square} = \dfrac{\square}{\square}$

체크 3-1 각기둥 알아보기

각기둥은 어느 것입니까? (　　　)

① 　② 　③

> **도움말**
> 서로 평행한 두 면이 합동인 다각형으로 이루어진 입체도형을 찾습니다.

3-2

알맞은 말에 ○표 하시오.

> 각기둥은 밑면의 모양에 따라 밑면이 삼각형이면 (삼각기둥 , 사각기둥)이라고 하고, 밑면이 사각형이면 (삼각기둥 , 사각기둥)이라고 합니다.

체크 4-1 각뿔 알아보기

각뿔은 어느 것입니까? ( )

 ① ② ③

도움말

밑에 놓인 면이 다각형이고 옆으로 둘러싼 면이 모두 삼각형인 입체도형을 찾습니다.

4-2

알맞은 말에 ○표 하시오.

각뿔은 밑면의 모양에 따라 밑면이 오각형이면 (오각뿔 , 육각뿔)이라고 하고, 밑면이 육각형이면 (오각뿔 , 육각뿔)이라고 합니다.

체크 5-1 몫이 1보다 작은 (소수)÷(자연수) 계산하기

보기 에서 알맞은 수를 찾아 □ 안에 써넣으시오.

보기

0.27   2.7   27

$108 \div 4 = \boxed{} \Rightarrow 1.08 \div 4 = \boxed{}$

도움말

나누는 수는 같고 나누어지는 수가 $\frac{1}{100}$배가 되면

몫도 $\frac{1}{100}$배가 됩니다.

5-2

$165 \div 3 = 55$임을 이용하면 $1.65 \div 3$의 계산 결과는 어느 것입니까? ( )

① 55   ② 5.5

③ 0.55

체크 6-1 몫의 소수 첫째 자리에 0이 있는 (소수)÷(자연수) 계산하기

㉠, ㉡, ㉢에 알맞은 수를 차례로 쓴 것은 어느 것입니까? ( )

$$8.12 \div 2 = \frac{812 \div 2}{㉠} = \frac{㉡}{100} = ㉢$$

① 10, 406, 40.6   ② 100, 406, 4.06

③ 100, 406, 0.406

도움말

8.12를 분모가 100인 분수로 바꾸고 분자를 나누는 수 2로 나눕니다.

6-2

$1530 \div 5 = 306$임을 이용하면 $15.3 \div 5$의 계산 결과는 어느 것입니까? ( )

① 30.6   ② 3.06

③ 0.306

개념 1 비와 비율

◐ 비

두 수를 나눗셈으로 비교하기 위해 기호 ❶ [   ] 을 사용하여 나타낸 것

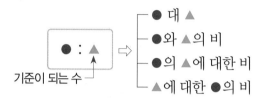

● : ▲ ⇨
- ● 대 ▲
- ●와 ▲의 비
- ●의 ▲에 대한 비
- ▲에 대한 ●의 비

기준이 되는 수

◐ 비율

기준량에 대한 ❷ [   ] 하는 양의 크기

$$(비율) = (비교하는 양) ÷ (기준량) = \dfrac{(비교하는 양)}{(기준량)}$$

답 | ❶ : ❷ 비교

> **보기**
>
> ≫ 비 4 : 5에서 기호 :의 오른쪽에 있는 5는 기준량이고, 기호 :의 왼쪽에 있는 4는 비교하는 양입니다.
>
> ≫ 비 4 : 5를 분수로 나타내면
> $4 : 5 ⇨ 4 ÷ 5 = \dfrac{4}{5}$ 입니다.
>
> ≫ 비 4 : 5를 소수로 나타내면
> $4 : 5 ⇨ 4 ÷ 5 = 0.8$ 입니다.
>
> **참고**
>
> 비 2 : 3과 3 : 2는 서로 다릅니다.

개념 2 비와 비율

◐ 백분율

기준량을 ❶ [   ] 으로 할 때의 비율

백분율은 기호 ❷ [   ] 를 사용하여 나타냅니다.

비율 $\dfrac{75}{100}$ ⇨
- 쓰기: 75 %
- 읽기: 75 퍼센트

답 | ❶ 100 ❷ %

> **보기**
>
> ≫ $4 : 5 ⇨ \dfrac{4}{5}$
> ⇨ $\dfrac{4}{5} × 100 = 80\ (\%)$
>
> **참고**
>
> 비율을 백분율로 나타내려면 분수 또는 소수로 나타낸 비율에 100을 곱해서 나온 값에 퍼센트 기호를 붙이면 됩니다.

개념 3 여러 가지 그래프

◐ 띠그래프

전체에 대한 각 부분의 비율을 ❶ [   ] 모양에 나타낸 그래프

태어난 계절별 학생 수

0 10 20 30 40 50 60 70 80 90 100 (%)

봄 (20 %)	여름 (25 %)	가을 (30 %)	겨울 (25 %)

⇨ 가장 많은 학생이 태어난 계절은 가을이고 전체의 ❷ [   ] % 입니다.

답 | ❶ 띠 ❷ 30

확인 1-1

알맞은 비에 ◯표 하시오.

사과 수와 딸기 수의 비는 (4 : 9 , 9 : 4)입니다.

> 풀이 | 사과는 4개, 딸기는 ❶ 개입니다.
> 사과 수와 딸기 수의 비는 (사과 수) : (딸기 수)이므로
> 4 : ❷ 입니다.

답 | ❶ 9 ❷ 9

1-2 보기에서 알맞은 비를 찾아 쓰시오.

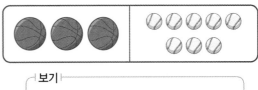

> 보기
> 3 : 8   8 : 3

(1) 농구공 수와 야구공 수의 비   (   )

(2) 야구공 수와 농구공 수의 비   (   )

확인 2-1

보기에서 알맞은 수를 찾아 □ 안에 써넣으시오.

> 보기
> 75   100

$$3 : 4 \Rightarrow \frac{3}{4} = \frac{75}{\boxed{}} \Rightarrow \boxed{} (\%)$$

> 풀이 | 3 : 4의 비율을 분수로 나타내면 $\frac{3}{4}$입니다.
> $$\frac{3}{4} = \frac{75}{\boxed{❶}} \Rightarrow 0.75 \times 100 = \boxed{❷} (\%)$$

답 | ❶ 100 ❷ 75

2-2 알맞은 백분율에 ◯표 하시오.

(1) 1의 4에 대한 비를 백분율로 나타내면
(25 % , 35 %)입니다.

(2) 5에 대한 3의 비를 백분율로 나타내면
(40 % , 60 %)입니다.

확인 3-1

알맞은 꽃에 ◯표 하시오.

좋아하는 꽃별 학생 수

| 0 10 20 30 40 50 60 70 80 90 100 (%) |

| 튤립 (40 %) | 장미 (30 %) | 백합 (20 %) | 벚꽃 (10 %) |

가장 많은 학생이 좋아하는 꽃은 (튤립 , 벚꽃)
입니다.

> 풀이 | 꽃별로 띠의 길이를 비교하면 가장 많은 학생이 좋
> 아하는 꽃은 띠의 ❶ 가 가장 긴 ❷ 입니다.

답 | ❶ 길이 ❷ 튤립

3-2 보기에서 알맞은 과일을 찾아 □ 안에 써넣으시오.

좋아하는 과일별 학생 수

| 0 10 20 30 40 50 60 70 80 90 100 (%) |

| 사과 (35 %) | 귤 (30 %) | 배 (20 %) | 감 (15 %) |

> 보기
> 사과   감

가장 적은 학생이 좋아하는 과일은 □ 입니다.

수
학

개념 4 여러 가지 그래프

○ 원그래프

전체에 대한 각 부분의 비율을 ❶[ ] 모양에 나타낸 그래프

좋아하는 과목별 학생 수

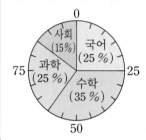

① 작은 눈금 한 칸은 ❷[ ] %를 나타냅니다.

② 국어는 25 %이므로 작은 눈금 5칸에 그렸습니다.

답 | ❶원 ❷5

개념 5 직육면체의 부피와 겉넓이

○ 직육면체의 부피

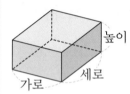

⇨ (직육면체의 부피)
= (가로) × (세로) × (❶[ ])
= (밑면의 넓이) × (높이)

⇨ (정육면체의 부피)
= (한 ❷[ ]의 길이)
× (한 모서리의 길이)
× (한 모서리의 길이)

답 | ❶높이 ❷모서리

개념 6 직육면체의 부피와 겉넓이

○ 직육면체의 겉넓이

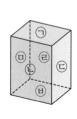 ⇨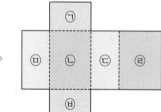

방법1 ㉠+㉡+㉢+㉣+㉤+㉥
방법2 ㉠×2+㉡×2+㉢×2
방법3 (㉠+㉡+㉢)×❶[ ]
방법4 ㉠×❷[ ]+(㉤+㉡+㉢+㉣)

답 | ❶2 ❷2

확인 4-1

알맞은 색깔에 ◯표 하시오.

좋아하는 색깔별 학생 수

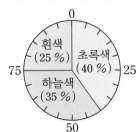

가장 많은 학생이 좋아하는 색깔은 (초록색 , 하늘색)입니다.

풀이 | 색깔별로 넓이를 비교하면 가장 많은 학생이 좋아하는 꽃은 ❶ [   ] 가 가장 넓은 ❷ [   ] 입니다.

답 | ❶ 넓이 ❷ 초록색

4-2 보기에서 알맞은 나라를 찾아 ☐ 안에 써넣으시오.

가 보고 싶은 나라별 학생 수

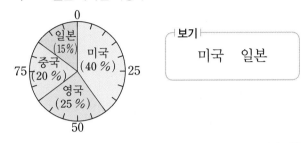

보기
미국   일본

가장 적은 학생이 가 보고 싶은 나라는 ☐ 입니다.

확인 5-1

직육면체의 부피를 구하는 식에 ◯표 하시오

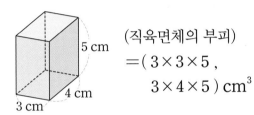

(직육면체의 부피)
$=(3 \times 3 \times 5 ,$
$3 \times 4 \times 5)$ cm³

풀이 | 가로는 3 cm, 세로는 ❶ [ ] cm, 높이는 5 cm 입니다. 부피는 (가로)×(세로)×(높이)이므로 $(3 \times$ ❷ [ ] $\times 5)$ cm³입니다.

답 | ❶ 4 ❷ 4

5-2 보기에서 알맞은 수를 찾아 ☐ 안에 써넣으시오.

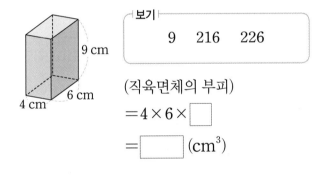

보기
9   216   226

(직육면체의 부피)
$=4 \times 6 \times$ ☐
$=$ ☐ (cm³)

확인 6-1

정육면체의 겉넓이를 구하는 식에 ◯표 하시오.

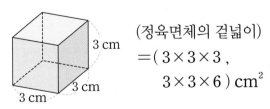

(정육면체의 겉넓이)
$=(3 \times 3 \times 3 ,$
$3 \times 3 \times 6)$ cm²

풀이 | 정육면체는 정사각형 ❶ [ ] 개로 둘러싸인 도형이므로 모든 면의 넓이는 정사각형의 넓이와 같습니다. 한 면의 넓이는 (3×3) cm²이므로 겉넓이는 $(3 \times 3 \times$ ❷ [ ] $)$ cm²입니다.

답 | ❶ 6 ❷ 6

6-2 보기에서 알맞은 수를 찾아 ☐ 안에 써넣으시오.

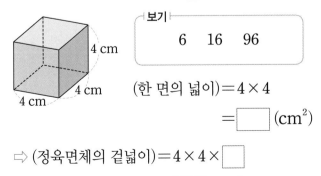

보기
6   16   96

(한 면의 넓이)$=4 \times 4$
$=$ ☐ (cm²)

⇨ (정육면체의 겉넓이)$=4 \times 4 \times$ ☐
$=$ ☐ (cm²)

체크 1-1 비율로 나타내기

보기 에서 알맞은 분수를 찾아 □ 안에 써넣으시오.

보기

$\dfrac{7}{4}$ $\dfrac{4}{7}$

4 : 7의 비율을 분수로

나타내면 □ 입니다.

도움말

비 4 : 7에서 기준량은 7, 비교하는 양은 4이므로 비율을 분수로 나타냅니다.

1-2

비율을 소수로 나타내면 얼마입니까? (   )

8에 대한 5의 비

① 0.375   ② 0.625   ③ 1.6

체크 2-1 백분율로 나타내기

비율을 백분율로 나타내면 몇 %입니까? (   )

7과 10의 비

① 7 %   ② 57 %   ③ 70 %

도움말

7과 10의 비는 7 : 10이므로 분수로 $\dfrac{7}{10}$ 입니다.

2-2

보기 에서 알맞은 수를 찾아 빈칸에 써넣으시오.

보기

1.2   1.4   120   140

$\dfrac{6}{5}$ ⇨

소수	백분율(%)

체크 3-1 띠그래프 읽기

띠그래프를 보고 알맞은 것에 ○표 하시오.

혈액형별 학생 수

0 10 20 30 40 50 60 70 80 90 100 (%)

| A형 (30 %) | B형 (20 %) | O형 (40 %) | AB형 (10%) |

가장 많은 학생의 혈액형은 전체의

(30 % , 40 %)입니다.

도움말

혈액형별로 띠의 길이를 비교하면 가장 많은 학생의 혈액형은 띠의 길이가 가장 긴 O형입니다.

3-2

띠그래프에서 가장 적은 학생이 좋아하는 음식은 전체의 몇 %입니까? (   )

좋아하는 음식별 학생 수

0 10 20 30 40 50 60 70 80 90 100 (%)

| 치킨 (35 %) | 자장면 (35 %) | 빵 (20 %) | 피자 (10%) |

① 35 %   ② 20 %   ③ 10 %

수
학

체크 4-1 원그래프 읽기

원그래프를 보고 알맞은 것에 ○표 하시오.

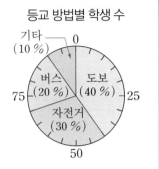

등교 방법별 학생 수

가장 많은 학생의 등교 방법은 전체의 (30 % , 40 %)입니다.

> **도움말**
> 등교 방법별로 넓이를 비교하면 가장 많은 학생의 등교 방법은 넓이가 가장 넓은 도보입니다.

4-2

원그래프에서 생산량이 가장 많은 곡물은 전체의 몇 %입니까? (   )

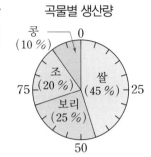

곡물별 생산량

① 20 %

② 25 %

③ 45 %

체크 5-1 정육면체의 부피

보기 에서 알맞은 수를 찾아 □ 안에 써넣으시오.

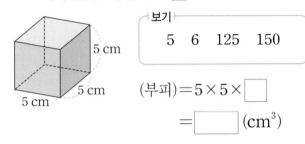

> 보기
> 5   6   125   150

(부피)＝5×5×□

＝□ (cm³)

> **도움말**
> 한 모서리의 길이는 5 cm이므로 부피는 (한 모서리의 길이)×(한 모서리의 길이)×(한 모서리의 길이)입니다.

5-2

정육면체의 부피는 몇 cm³입니까? (   )

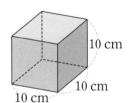

① 600 cm³

② 800 cm³

③ 1000 cm³

체크 6-1 직육면체의 겉넓이

보기 에서 알맞은 수를 찾아 □ 안에 써넣으시오.

> 보기
> 2   3
> 42   52

(겉넓이)＝(4×2＋4×□＋2×3)×□

＝□ (cm²)

> **도움말**
> 직육면체는 합동인 면이 3쌍이므로 세 면의 넓이를 구한 뒤 2배 하여 겉넓이를 구합니다.

6-2

직육면체의 합동인 세 면의 넓이를 각각 2배 한 뒤 더하여 겉넓이를 구하려고 합니다. 직육면체의 겉넓이는 몇 cm²입니까? (   )

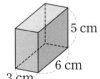

① 106 cm²

② 126 cm²

③ 146 cm²

교과 과정 5학년 2학기

1 3.75×6을 계산하려고 합니다. ㉠에 알맞은 수는 어느 것입니까? (　　　)

$$3.75 \times 6 = \frac{375}{100} \times 6 = \frac{2250}{100} = \boxed{㉠}$$

① 0.225 　　　② 2.25

③ 22.5 　　　④ 2250

교과 과정 5학년 2학기

2 다음 중 직육면체는 어느 것입니까? (　　　)

① 　　　②

③ 　　　④

교과 과정 6학년 1학기

3 비로 나타내시오.

8에 대한 5의 비 ⇨

교과 과정 5학년 2학기

4 점 ㅇ을 대칭의 중심으로 하는 점대칭도형입니다. 변 ㄷㄹ의 길이는 몇 cm입니까? (　　　)

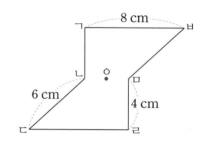

① 4 cm 　　　② 6 cm

③ 8 cm 　　　④ 10 cm

교과 과정 5학년 2학기

5 다음 수의 범위를 수직선에 바르게 나타낸 것은 어느 것입니까? (　　　)

50 초과 57 이하인 수

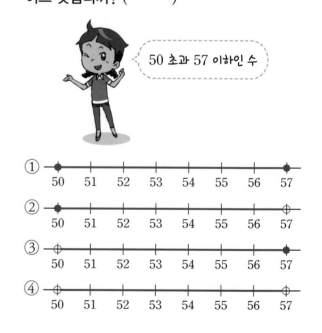

6 오각뿔의 모서리 수는 몇 개입니까? ( )

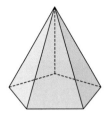

① 5개 ② 10개

③ 15개 ④ 20개

[7~8] 산하네 학교 학생들이 여가 시간에 하는 일을 조사하여 나타낸 띠그래프입니다. 물음에 답하시오.

여가 시간에 하는 일별 학생 수

| 영상 시청 (35 %) | 독서 (20 %) | 게임 (30 %) | 운동 (15 %) |

교과 과정 6학년 1학기

7 가장 많은 학생들이 여가 시간에 하는 일은 무엇입니까? ( )

① 영상 시청 ② 독서

③ 게임 ④ 운동

교과 과정 6학년 1학기

8 여가 시간에 게임 또는 운동을 하는 학생은 전체의 몇 %입니까? ( )

① 30 % ② 45 %

③ 50 % ④ 65 %

교과 과정 5학년 2학기   **융합**

9 크기가 같은 정사각형 4개를 변끼리 이어 붙여 만든 모양을 테트로미노라고 합니다. 다음 테트로미노 중에서 선대칭도형이 아닌 것은 어느 것입니까? ( )

①   ②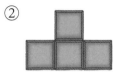

③  ④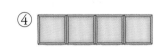

교과 과정 5학년 2학기   **창의**

10 외국 돈을 살 때 내야 하는 우리나라 돈을 환율이라고 합니다. 태국 돈 1바트의 환율이 36.84원일 때 10바트는 우리나라 돈으로 얼마인지 구하시오.

 =36.84원

1바트

10바트 ⇨ 36.84 × 10 = ☐ (원)

교과 과정 6학년 1학기

11 □ 안에 알맞은 수를 써넣으시오.

$$5000000 \text{ cm}^3 = \boxed{} \text{ m}^3$$

교과 과정 5학년 2학기

12 검은색 바둑돌만 4개 들어 있는 상자에서 바둑돌 1개를 꺼냈습니다. 꺼낸 바둑돌이 흰색일 가능성을 0부터 1까지의 수 중 어떤 수로 표현할 수 있습니까?
(   )

① 0   ② 1
③ $\dfrac{1}{2}$ ④ $\dfrac{1}{4}$

교과 과정 5학년 2학기

13 예지네 학교 6학년 학급별 학생 수를 나타낸 표입니다. 한 학급당 학생 수의 평균은 몇 명입니까? (   )

학급별 학생 수

학급	1반	2반	3반	4반	5반
학생 수(명)	22	25	24	20	24

① 22명   ② 23명
③ 24명   ④ 25명

교과 과정 6학년 1학기   **융합**

14 지구의 반지름을 1이라고 보았을 때, 목성의 반지름은 11.2, 천왕성의 반지름은 4입니다. 목성의 반지름은 천왕성의 반지름의 몇 배입니까? (   )

① 1.6배   ② 2.8배
③ 3.2배   ④ 4.5배

교과 과정 5학년 2학기   **코딩**

15 순서도의 시작에 $\dfrac{5}{6}$를 넣었을 때 출력되는 값을 구하시오.

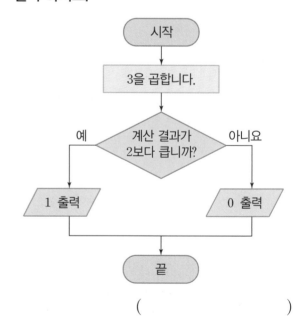

(   )

16 신유형

교과 과정 6학년 1학기

시현이의 일기입니다. 시현이가 한 상자에 담은 블루베리의 무게는 몇 kg입니까? (   )

202○년 ○월 ○일

가족들끼리 블루베리 농장에 갔다. 나는 블루베리를 $2\frac{2}{3}$ kg 따서 4상자에 똑같이 나누어 담았다. 블루베리는 눈건강에도 좋다고 하니 많이 먹어야겠다.

① $1\frac{1}{2}$ kg
② $1\frac{1}{3}$ kg
③ $\frac{3}{4}$ kg
④ $\frac{2}{3}$ kg

17

교과 과정 5학년 2학기

다음 중 계산 결과가 가장 큰 곱셈식은 어느 것입니까? (   )

① $\frac{1}{2} \times \frac{1}{3}$
② $\frac{1}{4} \times \frac{1}{5}$
③ $\frac{1}{6} \times \frac{1}{7}$
④ $\frac{1}{8} \times \frac{1}{9}$

18 창의

교과 과정 6학년 1학기

B 쇼핑몰에서는 옷 한 벌당 무조건 5000원을 할인해 줍니다. 상엽이가 B 쇼핑몰에서 정가가 50000원인 옷을 사려고 합니다. 이 옷의 할인율은 몇 %입니까?

(   ) %

19

교과 과정 6학년 1학기

다음 직육면체 모양 상자의 부피는 몇 cm³입니까? (   )

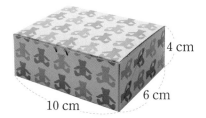

4 cm
6 cm
10 cm

① 60 cm³
② 120 cm³
③ 180 cm³
④ 240 cm³

20

교과 과정 6학년 1학기

다음 정육면체 모양 큐브의 겉넓이는 몇 cm²입니까? (   )

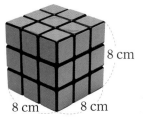

8 cm
8 cm
8 cm

① 64 cm²
② 256 cm²
③ 384 cm²
④ 512 cm²

수학

1 교과 과정 6학년 1학기

소수를 분수로 고쳐서 계산하려고 합니다.
□ 안에 알맞은 소수를 써넣으시오.

$$2.7 \div 6 = \frac{270}{100} \div 6 = \frac{270 \div 6}{100}$$

$$= \frac{45}{100} = \boxed{}$$

2 교과 과정 5학년 2학기

선대칭도형입니다. 각 ㄹㄷㄴ은 몇 도입니까?
( )

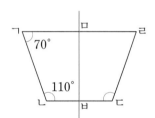

① 40°　　　　　② 70°
③ 90°　　　　　④ 110°

3 교과 과정 5학년 2학기

다음 식에서 ㉠에 알맞은 수는 어느 것입니까?
( )

$$31.92 \times ㉠ = 319.2$$

①100　　　　　② 10
③ 0.1　　　　　④ 0.01

4 교과 과정 6학년 1학기

각기둥은 어느 것입니까? ( )

① 　　②

③ 　　④

5 교과 과정 5학년 2학기

직육면체에서 면 ㄴㅂㅅㄷ과 평행한 면은 어느
것입니까? ( )

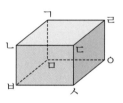

① 면 ㄱㅁㅇㄹ　　② 면 ㄱㄴㄷㄹ
③ 면 ㄷㅅㅇㄹ　　④ 면 ㅁㅂㅅㅇ

6 교과 과정 5학년 2학기

□ 안에 알맞은 수는 어느 것입니까? (　　　)

$$18 \times 16 = 288$$
$$1.8 \times 1.6 = 2.88$$
$$0.18 \times 1.6 = \boxed{}$$

① 28.8　　　② 2.88
③ 0.288　　④ 0.0288

7 교과 과정 6학년 1학기

전체에 대한 색칠한 부분의 비율을 분수로 바르게 나타낸 것은 어느 것입니까? (　　　)

① $\dfrac{11}{8}$　　　② $\dfrac{8}{11}$

③ $\dfrac{8}{10}$　　　④ $\dfrac{8}{19}$

8 교과 과정 5학년 2학기

다음 중 계산 결과가 다른 하나는 어느 것입니까?
(　　　)

① $\dfrac{2}{9} \times 3$　　　② $\dfrac{6}{27}$

③ $\dfrac{2}{9} + \dfrac{2}{9} + \dfrac{2}{9}$　　④ $\dfrac{2}{3}$

9 교과 과정 6학년 1학기　창의

이집트 피라미드는 사각뿔 모양입니다. 사각뿔은 꼭짓점이 몇 개입니까?

(　　　　　)개

10 교과 과정 5학년 2학기

두 삼각형은 서로 합동입니다. 설명으로 옳지 않은 것은 어느 것입니까? (　　　)

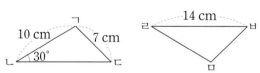

① 변 ㅂㅁ의 길이는 7 cm입니다.
② 변 ㄴㄷ의 길이는 10 cm입니다.
③ 각 ㅁㄹㅂ의 크기는 30°입니다.
④ 점 ㄱ의 대응점은 점 ㅁ입니다.

수학

융합

[11~12] **전국 지하수 이용 용도별 현황을 나타낸 원그래프를 보고 물음에 답하시오.**

전국 지하수 이용 용도별 현황

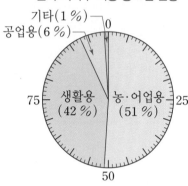

출처: 2019 지하수 조사 연보(2019)

교과 과정 6학년 1학기

11 지하수가 가장 많이 이용되는 것은 무엇입니까?

( )

① 농·어업용　　② 생활용

③ 공업용　　④ 기타

교과 과정 6학년 1학기

12 생활용 지하수는 공업용 지하수의 몇 배입니까?

( )

① 4배　　② 5배

③ 6배　　④ 7배

교과 과정 5학년 2학기

13 수를 올림, 버림, 반올림하여 백의 자리까지 나타내시오.

3584	올림	
	버림	
	반올림	

창의

교과 과정 5학년 2학기

14 전시회에 2주일 동안 다녀간 관람객은 모두 2100명이라고 합니다. 전시회에 다녀간 관람객은 하루 평균 몇 명입니까? ( )

① 140명　　② 150명

③ 200명　　④ 300명

코딩

교과 과정 5학년 2학기

15 공에 쓰인 수에 따라 공을 분류하는 순서도입니다. **32** 는 상자와 바구니 중 어디에 담게 됩니까?

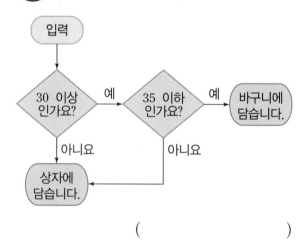

( )

16 교과 과정 6학년 1학기

물 7 L가 있습니다. 물을 병 4개에 똑같이 나누어 담았을 때, 병 1개에 담긴 물은 몇 L입니까?

(   ) L

17 교과 과정 6학년 1학기   신유형

'연비'란 연료 1 L로 갈 수 있는 거리를 뜻합니다. 오토바이의 연비는 얼마입니까? (   )

연료의 양: 3 L

갈 수 있는 거리: $163\frac{4}{5}$ km

① $51\frac{3}{5}$ ② $52\frac{3}{5}$

③ $53\frac{3}{5}$ ④ $54\frac{3}{5}$

18 교과 과정 6학년 1학기

냉장고에 있는 과일은 사과 12개, 귤 8개입니다. 귤 수는 전체 과일 수의 몇 %입니까? (   )

① 30 %   ② 40 %

③ 60 %   ④ 80 %

19 교과 과정 5학년 2학기   코딩

다음 코딩 프로그램을 실행하여 목장에 내린 사료는 모두 몇 kg입니까? (   )

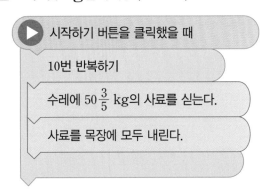

▶ 시작하기 버튼을 클릭했을 때

10번 반복하기

수레에 $50\frac{3}{5}$ kg의 사료를 싣는다.

사료를 목장에 모두 내린다.

① 502 kg   ② 504 kg

③ 506 kg   ④ 508 kg

20 교과 과정 6학년 1학기

다음 직육면체의 겉넓이는 몇 cm²입니까?

(   )

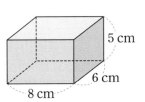

5 cm

6 cm

8 cm

① 216 cm²   ② 224 cm²

③ 236 cm²   ④ 240 cm²

교과 과정 6학년 1학기

1 각뿔에 있는 꼭짓점 중에서 각뿔의 꼭짓점은 어느 것입니까? [4점] ( )

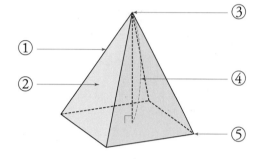

교과 과정 6학년 1학기

2 다음을 비로 바르게 나타낸 것은 어느 것입니까? [4점] ( )

> 5에 대한 2의 비

① $\dfrac{2}{5}$ ② $\dfrac{5}{2}$

③ 5 : 2 ④ 2 : 5

⑤ 0.4

교과 과정 5학년 2학기

3 □ 안에 알맞은 수는 어느 것입니까? [4점]
( )

$$\frac{3}{4} \times \frac{2}{7} = \frac{\square}{28}$$

① 2 ② 3

③ 4 ④ 6

⑤ 7

교과 과정 6학년 1학기

4 다음 중에서 사각기둥은 어느 것입니까? [4점]
( )

①   ②

③   ④

⑤

교과 과정 6학년 1학기

5 몫의 소수점의 위치는 어느 곳입니까? [4점]

(   )

$$6.24 \div 6 = \square 1 \square 0 \square 4 \square 0 \square$$
$$\qquad ① \quad ② \quad ③ \quad ④ \quad ⑤$$

교과 과정 6학년 1학기

6 □ 안에 알맞은 수는 어느 것입니까? [4점]

(   )

$$1\frac{2}{7} \div 5 = \frac{9}{\square}$$

① 1   ② 2

③ 7   ④ 10

⑤ 35

교과 과정 6학년 1학기

7 □ 안에 알맞은 수는 어느 것입니까? [4점]

(   )

$$2 \ m^3 = \square \ cm^3$$

① 0.2   ② 20

③ 200   ④ 2000

⑤ 2000000

교과 과정 5학년 2학기

8 서로 합동인 두 도형을 짝 지은 것은 어느 것입니까? [4점] (   )

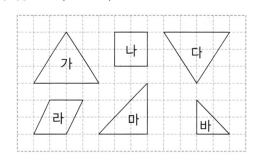

① 가, 나   ② 가, 다

③ 나, 라   ④ 라, 마

⑤ 마, 바

9 직육면체에서 색칠한 두 면이 이루는 각의 크기는 몇 도입니까? [4점] (   )

교과 과정 5학년 2학기

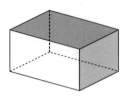

① 45°   ② 90°

③ 100°   ④ 120°

⑤ 180°

11 나눗셈의 몫을 분수로 바르게 나타낸 것은 어느 것입니까? [4점] (   )

교과 과정 6학년 1학기

① $2 \div 6 = \dfrac{4}{6}$ ② $7 \div 2 = \dfrac{2}{7}$

③ $1 \div 5 = \dfrac{1}{15}$ ④ $2 \div 7 = \dfrac{7}{2}$

⑤ $1 \div 4 = \dfrac{1}{4}$

10 다음 수를 반올림하여 천의 자리까지 나타낸 수는 어느 것입니까? [4점] (   )

교과 과정 5학년 2학기

4789

① 4000   ② 4700

③ 4800   ④ 5000

⑤ 6000

12 계산 결과가 다른 하나는 어느 것입니까? [4점]

교과 과정 5학년 2학기

(   )

① 34의 0.001배   ② 0.34의 100배

③ 3.4 × 10   ④ 0.34 × 100

⑤ 0.034 × 1000

교과 과정 5학년 2학기

13 정육면체의 꼭짓점은 몇 개입니까? [4점]

( )

① 2개　　　　② 4개

③ 6개　　　　④ 8개

⑤ 10개

교과 과정 5학년 2학기

융합

14 다음은 미세 먼지 농도 기준표입니다. ■ 안에 알맞은 말은 어느 것입니까? [4점] ( )

미세 먼지 농도 기준표

구분	미세 먼지 농도 (마이크로그램)
좋음	30 이하
보통	31 이상 80 이하
나쁨	81 이상 150 이하
매우나쁨	151 이상

오늘은 미세 먼지 농도가 40마이크로그램 이니까 ■이에요.

① 좋음　　　　② 보통

③ 나쁨　　　　④ 매우나쁨

⑤ 알 수 없음

교과 과정 6학년 1학기

융합

15 달걀 한 개에 들어 있는 영양소의 양을 나타낸 원그래프입니다. 수분은 몇 %입니까? [4점]

( )

기타 (2%)
지방 (11%)
단백질 (12%)
수분

① 100 %　　　　② 50 %

③ 65 %　　　　④ 70 %

⑤ 75 %

교과 과정 6학년 1학기

신유형

16 다음의 ㉠, ㉡에 알맞은 수를 차례로 쓴 것은 어느 것입니까? [4점] ( )

 $196 \div 7 = ㉠$ 인데, $19.6 \div 7$의 몫은 얼마지?

19.6은 196의 $\frac{1}{10}$이야.

 그럼 몫도 $\frac{1}{10}$이 되니까 $19.6 \div 7 = ㉡$이구나.

맞아.

① 28, 2.8　　　　② 28, 0.28

③ 28, 0.028　　　④ 2.8, 2.8

⑤ 2.8, 0.28

교과 과정 6학년 1학기 **신유형**

17 재활용품별 배출량을 나타낸 원그래프입니다. 원그래프를 띠그래프로 바꿔 나타낼 때 ㉠, ㉡에 알맞은 항목을 차례로 쓴 것은 어느 것입니까? [4점] (   )

재활용품별 배출량

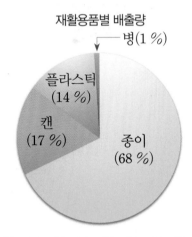

① 종이, 캔   ② 종이, 플라스틱
③ 캔, 플라스틱   ④ 캔, 병
⑤ 플라스틱, 병

교과 과정 5학년 2학기

18 회색과 흰색으로 이루어진 회전판입니다. 회전판에서 화살이 빨간색에 멈출 가능성을 말로 표현한 것은 어느 것입니까? [4점] (   )

① 불가능하다   ② ~아닐 것 같다
③ 반반이다   ④ ~일 것 같다
⑤ 확실하다

교과 과정 5학년 2학기

19 네 사람이 제기차기를 한 기록입니다. 평균을 구하시오. [4점]

제기차기 기록

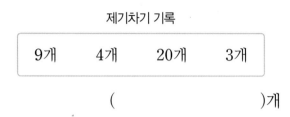

| 9개 | 4개 | 20개 | 3개 |

(   )개

교과 과정 5학년 2학기 **코딩**

20 다음과 같은 순서로 디지털 숫자를 분류하였습니다. ㉠에 들어가는 디지털 숫자는 어느 것입니까? [4점] (   )

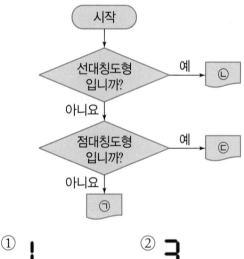

① l   ② ∃
③ 닉   ④ 5
⑤ 8

21 〔교과 과정〕 6학년 1학기

수조에 들어 있는 물의 부피는 몇 cm³인지 구하시오. (단 수조의 두께는 생각하지 않고, 물은 직육면체 형태입니다.) [5점]

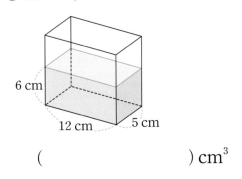

(   ) cm³

22 〔교과 과정〕 5학년 2학기 〔신유형〕

두 사람이 고구마를 캐어 상자에 넣었습니다. 다음을 보고 고구마는 모두 몇 kg인지 구하시오. [5점]

(   ) kg

23 〔교과 과정〕 5학년 2학기 〔융합〕

다음을 보고 30년 된 소나무 100그루가 1년간 줄일 수 있는 탄소의 양은 몇 kg인지 구하시오. [5점]

> 30년 된 소나무 한 그루가 1년간 줄일 수 있는 탄소의 양은 6.6 kg입니다.

(   ) kg

24 〔교과 과정〕 6학년 1학기 〔신유형〕

축척은 실제 거리에 대한 지도에서 나타낸 길이의 비율입니다. 축척이 $\dfrac{1}{700000}$이고, 서울 월드컵 경기장에서 올림픽 공원까지의 지도에서의 거리가 3 cm일 때 실제 거리는 몇 km인지 구하시오. [5점]

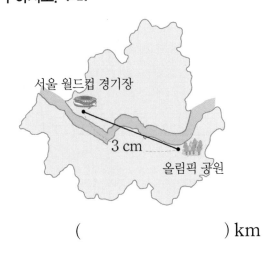

(   ) km

교과 과정 5학년 2학기

1 □ 안에 알맞은 수는 어느 것입니까? [4점]

( )

⇩

$$1\frac{2}{3} \times 2 = \frac{5}{3} \times 2 = \frac{\boxed{} \times 2}{3} = \frac{10}{3} = 3\frac{1}{3}$$

① 1 ② 2 ③ 3
④ 4 ⑤ 5

교과 과정 5학년 2학기

2 수직선을 보고 수의 범위를 나타낸 것입니다.
□ 안에 알맞은 말은 어느 것입니까? [4점]

( )

⇨ 9 □ 인 수

① 이상 ② 이하 ③ 초과
④ 미만 ⑤ 올림

교과 과정 5학년 2학기

3 다음 도형과 합동인 도형은 어느 것입니까? [4점]

( )

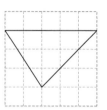

① 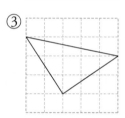 ②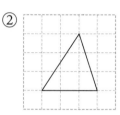

③ 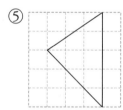 ④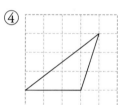

⑤

교과 과정 6학년 1학기

4 각기둥을 모두 고르시오. [4점] ( )

①   ②

③   ④

⑤

5 교과 과정 6학년 1학기
다음 비를 잘못 읽은 것은 어느 것입니까? [4점]

( )

$$9 : 5$$

① 9 대 5
② 5에 대한 9의 비
③ 9에 대한 5의 비
④ 9의 5에 대한 비
⑤ 9와 5의 비

6 교과 과정 6학년 1학기
물 8 L를 크기가 같은 그릇 5개에 똑같이 나누어 담으려고 합니다. 그릇 1개에 몇 L씩 담아야 합니까? [4점] ( )

① $\frac{5}{8}$ L ② 1 L ③ $1\frac{3}{5}$ L

④ $2\frac{3}{5}$ L ⑤ $2\frac{5}{8}$ L

7 교과 과정 6학년 1학기
다음 중 잘못된 것을 모두 고르시오. [4점]

( )

① $3.5 \text{ m}^3 = 35000000 \text{ cm}^3$
② $11 \text{ m}^3 = 11000000 \text{ cm}^3$
③ $1000000 \text{ cm}^3 = 10 \text{ m}^3$
④ $0.7 \text{ m}^3 = 700000 \text{ cm}^3$
⑤ $1600000 \text{ cm}^3 = 1.6 \text{ m}^3$

8 교과 과정 5학년 2학기
직육면체의 전개도가 아닌 것은 어느 것입니까? [4점] ( )

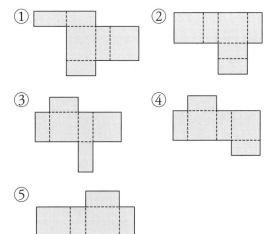

수학

[교과 과정] 5학년 2학기 **코딩**

9 규칙에 따라 입력값을 어림한 수를 출력값에 써 넣으려고 합니다. 알맞은 수는 어느 것입니까?

[4점] ( )

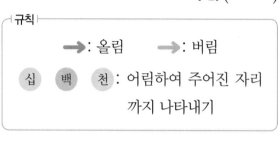

┌─규칙─┐
→ : 올림   ⇢ : 버림

십 백 천 : 어림하여 주어진 자리
까지 나타내기

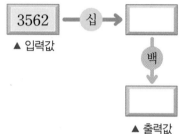

① 3560   ② 3570   ③ 3500
④ 3600   ⑤ 4000

[교과 과정] 5학년 2학기

10 직육면체를 보고 면 ㄱㄴㄷㄹ과 수직이 아닌 면을 고르시오. [4점] ( )

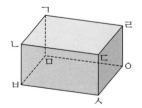

① 면 ㄴㅂㅅㄷ   ② 면 ㅁㅂㅅㅇ
③ 면 ㄱㅁㅇㄹ   ④ 면 ㄴㅂㅁㄱ
⑤ 면 ㄷㅅㅇㄹ

[교과 과정] 5학년 2학기

11 리본 $\frac{7}{10}$ m의 $\frac{4}{5}$를 사용하여 선물을 포장했습니다. 선물을 포장하는 데 사용한 리본의 길이는 몇 m입니까? [4점] ( )

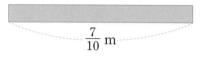

$\frac{7}{10}$ m

① $\frac{7}{25}$ m   ② $\frac{28}{50}$ m

③ $\frac{33}{40}$ m   ④ $\frac{11}{15}$ m

⑤ $1\frac{4}{5}$ m

[교과 과정] 6학년 1학기 **코딩**

12 순서도에 따라 계산했을 때 출력되는 몫은 어느 것입니까? [4점] ( )

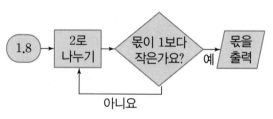

1.8 → 2로 나누기 → 몫이 1보다 작은가요? → 예 → 몫을 출력
아니요

① 1.8   ② 0.9
③ 0.6   ④ 9
⑤ 0.9

융합

13 볼링공에 다음과 같이 수가 쓰여 있습니다. 이 수는 볼링공의 무게로 단위는 파운드입니다. 1파운드가 0.45 kg일 때 볼링공의 무게는 몇 kg입니까? [4점] (   )

① 3.15 kg   ② 3.5 kg
③ 3.6 kg   ④ 4 kg
⑤ 4.05 kg

14 재현이가 먹은 과자 한 봉지의 영양소를 조사하여 나타낸 띠그래프입니다. 단백질은 전체의 몇 %입니까? [4점] (   )

과자 한 봉지의 영양소

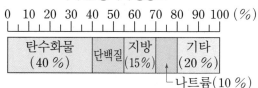

① 5 %   ② 10 %
③ 15 %   ④ 20 %
⑤ 30 %

15 직사각형 모양의 액자가 있습니다. 이 액자의 넓이는 몇 cm²인지 구하시오. [4점]

7.3 cm

5.8 cm

(   ) cm²

신유형

16 일이 일어날 가능성이 확실한 것은 어느 것입니까? [4점] (   )

① 오늘은 월요일 이니까 내일은 일요일일 거야.

② 내일은 눈이 올 거야.

③ 주사위를 한 번 굴리면 짝수의 눈이 나올 거야.

④ 내일은 해가 동쪽에서 뜰 거야.

⑤ 동전을 던지면 그림 면이 나올 거야.

수학

융합

17 해승이가 태극기를 다음과 같이 그리려고 합니다. 가로에 대한 세로의 비율을 기약분수로 나타낸 것은 어느 것입니까? [4점] ( )

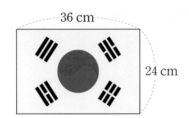

36 cm

24 cm

① $\frac{3}{2}$ ② $\frac{2}{3}$

③ $\frac{3}{4}$ ④ $\frac{3}{8}$

⑤ $\frac{2}{9}$

융합

18 어느 해 우리나라 인구를 조사하여 나타낸 원그래프입니다. 원그래프에 대한 설명으로 틀린 것은 어느 것입니까? [4점] ( )

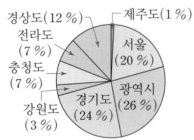

지역별 인구수

경상도(12 %) 제주도(1 %)
전라도 (7 %)   서울 (20 %)
충청도 (7 %)
강원도 (3 %) 경기도 (24 %) 광역시 (26 %)

① 인구가 두 번째로 많은 지역은 경기도입니다.
② 전라도와 충청도의 인구는 같습니다.
③ 제주도의 인구가 가장 적습니다.
④ 서울의 인구는 20 %입니다.
⑤ 강원도의 인구는 경상도의 인구의 4배입니다.

19 선대칭도형이면서 점대칭도형인 것은 어느 것입니까? [4점] ( )

① 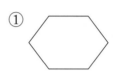   ②

③   ④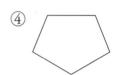

⑤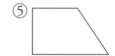

창의

20 다음과 같이 입체도형을 평면으로 잘랐습니다. 이때 생기는 두 입체도형은 무엇입니까? [4점]

( )

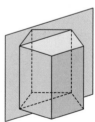

① 삼각기둥, 삼각뿔
② 삼각뿔, 사각뿔
③ 삼각기둥, 오각기둥
④ 삼각기둥, 사각기둥
⑤ 삼각뿔, 사각기둥

21 ■가 될 수 있는 자연수를 모두 쓰시오. [5점]

$$2\frac{4}{5} \div 3 > \frac{\blacksquare}{3}$$

(   )

23 수 카드 4장 중에서 3장을 뽑아 한 번씩만 사용하여 몫이 가장 큰 나눗셈식 (소수 한 자리 수) ÷(자연수)를 만들려고 합니다. 만든 나눗셈식의 몫을 구하시오. [5점]

(   )

수학

융합

22 다음은 어느 날 남부 지방의 최저 기온(■)과 최고 기온(■)을 나타낸 것입니다. 지도에 표시된 여섯 지역의 최저 기온의 평균은 몇 ℃인지 구하시오. [5점]

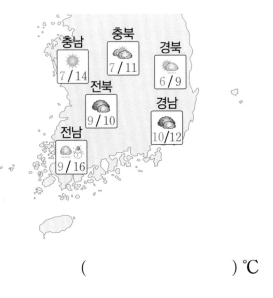

(   ) ℃

24 다음 직육면체를 잘라서 가장 큰 정육면체를 1개 만들었습니다. 만든 정육면체의 부피는 몇 cm^3입니까? [5점]

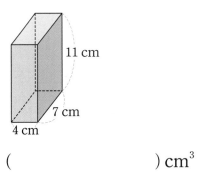

(   ) cm^3

차별을 이겨낸 여성 수학자

소피아 젤만은 1776년 프랑스 파리의 부잣집 딸로 태어났어요. 그녀는 다른 여자 아이들처럼 교양있는 여자가 되는 교육을 받으며 평범하게 자랐지요.

그런데 13살 되던 해, 젤만은 아버지의 책장에서 우연히 아르키메데스에 관한 책을 읽게 됐어요. 모래 위에서 문제를 풀다 죽어간 아르키메데스를 보며 젤만도 수학 공부를 하고 싶다는 생각이 강렬히 들었죠. 그 뒤 젤만은 혼자서 수학 공부를 했어요. 아버지는 젤만이 평범한 아가씨가 되기를 바랐지만 젤만의 수학 공부를 말릴 수는 없었어요.

1794년에 파리 공과 대학이 문을 열었어요. 수준 높은 과학과 수학을 가르치는 곳으로 지금도 유명한 대학이지요. 당시 여자는 대학에 다닐 수 없었어요. 젤만은 파리 공과 대학의 책을 구해 혼자 공부했어요.

어느 날 젤만은 수학책을 연구하고 정리한 논문을 당시 최고의 수학자 라그랑주 교수에게 보냈어요. 여자 이름으로 보내면 읽어 주지 않을까봐 '루이블랑'이라는 남자 이름을 써서 보냈지요. 논문은 교수가 놀랄 정도로 수준 높았답니다.

나중에 라그랑주 교수는 루이블랑이 여자라는 걸 알고 다시 한 번 깜짝 놀랐대요. 그 뒤 젤만은 남자들 사이에서 당당히 수학자로 이름을 알리게 됐어요.

젤만은 수학사에 빛나는 업적을 많이 남겼어요.

그녀가 발표한 기하학(공간을 연구하는 수학) 논문은 파리 과학 학술원이 주는 상을 받았고 지금까지도 수학의 기초로 쓰인답니다.

그 밖에도 바이올린 현처럼 울리는 현상을 연구해 수학적으로 설명해냈어요.

이 원리는 지금의 로케트, 비행기 운동에 기초로 쓰이고 있답니다.

국가수준
학업성취도 평가

사회

초등 6학년

학습 및 출제 범위

5학년 2학기 ～ 6학년 1학기

사회 특강 교과서 용어 파일

01 고조선

청동기 시대에 단군왕검이 세웠다고 전해지는 우리 역사 속 최초의 국가

▲ 고조선의 문화유산

미송리식 토기　비파형 동검　탁자식 고인돌

[보기1] 미송리식 토기, [①　　　　] 동검, 탁자식 고인 돌은 고조선을 대표하는 문화유산이다.

[보기2] 고조선에는 [②　　　　] 개의 법 조항(8조법)이 있었는데 현재는 세 개만 전해지고 있다.

답 ❶ 비파형 ❷ 여덟(8)

02 고분

옛 사람들이 남긴 무덤으로, 무덤 벽과 천장에 그림을 그리기도 하였음.

▲ 고구려 무용총에 그려진 접객도(중국 지린성 지안현)

[보기1] 고분 안에서는 무덤의 주인이 살아 있을 때 사용하던 물건과 [①　　　　] 가 많이 발견된다.

[보기2] 고분에 그려진 [②　　　　] 을 보면 당시 사람들의 생활 모습을 알 수 있다.

답 ❶ 생활 도구 ❷ 그림

03 대장경

불교 경전을 모두 모아 놓은 것으로, 고려 시대에 만들어진 팔만대장경판은 유네스코 세계 기록 유산으로 등재되어 있음.

▲ 합천 해인사 대장경판(경상남도 합천군)

[보기1] 고려는 부처의 힘으로 [①　　　　] 의 침입을 이겨내고자 팔만대장경을 만들었다.

[보기2] 팔만대장경을 통해 고려의 우수한 목판 인쇄술과 수준 높은 [②　　　　] 문화를 알 수 있다.

답 ❶ 몽골 ❷ 불교

04 임진왜란

일본을 통일한 도요토미 히데요시가 조선과 명을 정복하기 위해 부산으로 쳐들어오며 일으킨 전쟁(1592년)

▲ 임진왜란 해전도

[보기1] 임진왜란 발생 초기에 조선군은 전투에서 거듭 패하고 선조는 [①　　　　] 까지 피란을 갔다.

[보기2] 임진왜란이 일어나자 [②　　　　] 이 이끄는 조선 수군은 일본 수군을 무찌르고 남해를 차지했다.

답 ❶ 의주 ❷ 이순신

사회 특강 교과서 용어 파일

05 서민 문화

조선 후기에 경제적으로 여유가 생긴 일반 백성들이 문화와 예술 활동에 관심을 기울이기 시작하면서 발달한 문화

▲ 풍속화(김홍도의 「서당도」)   ▲ 탈놀이(양주 별산대놀이)

보기1 새롭게 등장한 서민 문화에는 ❶ [   ] 소설, 풍속화, 탈놀이, 판소리 등이 있다.

보기2 다양한 서민 문화를 통해 당시 사람들의 생활 모습이나 ❷ [   ] 등을 살펴볼 수 있다.

답 ❶ 한글 ❷ 생각

06 개화

다른 나라의 더 발전된 문화와 제도 등을 받아들여 과거의 생각, 문화와 제도 등을 발전시켜 나가는 것

청과의 관계를 유지하면서 서양의 기술을 받아들이도록 합시다.

청의 간섭을 물리치고 서양의 기술, 사상, 제도까지 받아들여야 합니다.

▲ 온건 개화파의 김홍집   ▲ 급진 개화파의 김옥균

보기1 김홍집 등의 ❶ [   ] 개화파는 차근차근 개화를 해야 한다고 주장했다.

보기2 김옥균 등의 ❷ [   ] 개화파는 청의 간섭에서 벗어나 새로운 조선을 만들려고 했다.

답 ❶ 온건 ❷ 급진

07 늑약

나라 사이에 강제로 맺은 조약으로, 1905년에 대한 제국은 일제에 의해 강압적으로 을사늑약을 체결함.

▲ 을사늑약의 장면을 그린 풍자화

보기1 일제는 ❶ [   ] 의 완강한 거부에도 을사늑약을 강제로 체결했다.

보기2 고종은 을사늑약이 ❷ [   ] 임을 국제 사회에 알리려고 노력했으나 성과를 거두지 못했다.

답 ❶ 고종 ❷ 무효

08 광복

다른 나라에 빼앗긴 땅과 주권을 도로 찾는 것

▲ 광복을 맞이해 만세를 부르는 사람들(1945년 8월 15일)

보기1 우리나라는 ❶ [   ] 년 8월 15일에 광복을 맞이했다.

보기2 광복 소식이 전해지자 다른 나라에 머물고 있던 많은 ❷ [   ] 들이 국내로 돌아왔다.

답 ❶ 1945 ❷ 동포

사회 용어 파일

09 지방 자치제

일정한 지역의 주민과 이들로부터 선출된 지방 의회 의원과 지방 자치 단체장이 해당 지역의 일을 스스로 처리하는 제도

▲ 지방 의회 의원 입후보 안내에 대한 설명을 듣는 사람들

보기1 6·29 ❶ [　　　] 선언에 따라 지방 자치제가 다시 부활했다.

보기2 지방 자치제의 시행은 ❷ [　　　] 가 우리 사회에 정착하는 데 크게 기여했다.

답 ❶ 민주화 ❷ 민주주의

10 정치

갈등이나 대립을 조정하고 많은 사람에게 영향을 끼치는 공동의 문제를 해결해 가는 활동

▲ 가정에서 정치의 사례 　　▲ 지역에서 정치의 사례

보기1 가정, 학급, 학교 등 생활 속에서도 ❶ [　　　] 가 이루어진다.

보기2 옛날에는 왕이나 ❷ [　　　] 이 높은 사람들만 정치에 참여했다.

답 ❶ 정치 ❷ 신분

11 민주주의

모든 국민이 나라의 주인으로서 권리를 갖고, 그 권리를 자유롭고 평등하게 행사하는 정치 제도

▲ 시민 공청회 　　　　▲ 지방 의회

보기1 민주주의의 기본 정신은 인간의 존엄, 자유, ❶ [　　　] 이다.

보기2 국민이 자신들을 대표할 사람을 직접 뽑는 ❷ [　　　] 는 민주주의의 기본이다.

답 ❶ 평등 ❷ 선거

12 삼권 분립

국가 권력을 국회, 정부, 법원이 나누어 가지고 서로 감시하는 민주 정치의 원리

국회(입법부)
▲ 국가를 다스리는 법을 만듦.

정부(행정부) 　　　　　법원(사법부)
▲ 법에 따라 국가 살림을 함. 　▲ 법에 따라 재판을 함.

보기1 우리나라에서는 국민의 ❶ [　　　] 와 권리를 보호하고자 삼권 분립이 이루어지고 있다.

보기2 삼권 분립을 통해 한 기관이 국가의 중요한 일을 마음대로 처리할 수 없도록 ❷ [　　　] 한다.

답 ❶ 자유 ❷ 견제

사회 특강 교과서 용어 파일

13 가계

생산 활동에 참여해 얻은 소득으로 소비 활동을 하는 가족

▲ 소득을 얻으려는 생산 활동

▲ 소득을 사용하는 소비 활동

보기1 가계는 주로 기업의 [　❶　] 활동에 참여하고 기업에서 만든 물건을 구입한다.

보기2 가계와 기업은 [　❷　]에서 물건과 서비스를 거래한다.

답 ❶ 생산 ❷ 시장

14 중화학 공업

철, 배, 자동차 등 무거운 제품이나 플라스틱, 고무 제품, 화학 섬유 제품을 생산하는 산업

▲ 자동차 수출

▲ 최초로 해외 주문을 받아 만든 대형 선박

보기1 우리나라는 [　❶　]년대에 중화학 공업이 발달하기 시작했다.

보기2 중화학 공업은 경공업보다 많은 돈과 높은 [　❷　]이 필요한 산업이다.

답 ❶ 1970 ❷ 기술력

15 무역

나라와 나라 사이에 물건과 서비스를 사고파는 것

△△나라
○○나라
▲ 무역을 하는 두 나라

보기1 다른 나라에 물건을 파는 것을 [　❶　], 다른 나라에서 물건을 사 오는 것을 수입이라고 한다.

보기2 국가 간에 무역 문제가 발생했을 때에는 [　❷　](WTO)에 도움을 요청한다.

답 ❶ 수출 ❷ 세계 무역 기구

16 원산지

어떤 물건의 재료를 생산하는 곳

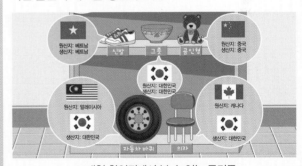
▲ 대형 할인점에서 볼 수 있는 물건들

보기1 물건마다 원산지가 다르기 때문에 [　❶　]이 이루어진다.

보기2 생산지는 원산지의 [　❷　]를 들여와 가공해서 어떤 물품을 만들어 내는 곳이다.

답 ❶ 무역 ❷ 재료

▶ 범위 1~2단원

개념 1 고구려, 백제, 신라의 전성기

○ 삼국의 전성기

백제 (4세기)	근초고왕은 남쪽으로 영토를 넓히고, 고구려를 공격해 북쪽으로 진출했으며 중국, 일본과 활발히 교류함.
고구려 (5세기)	광개토 대왕은 요동 지역을 차지하고, 북쪽으로 영역을 크게 확장했고, ❶[ ]은 평양 지역(평양성)으로 수도를 옮기고 남쪽으로 영역을 더욱 확장함.
신라 (6세기)	진흥왕은 서쪽과 북쪽으로 영역을 크게 확장하여 한강 유역을 차지하고, ❷[ ]를 흡수함.

답 | ❶ 장수왕 ❷ 대가야

보기

⊘ 삼국의 전성기에 나타난 공통점

≫ 영역을 크게 넓혔습니다.

≫ 한강 유역을 차지했습니다.

삼국이 전성기를 맞이했을 때 세 나라 모두 한반도의 중앙에 위치하고 있었어요.

개념 2 고려의 외침 극복 과정

○ 거란의 침입과 극복 과정

① 배경: 고려와 송의 관계를 끊기 위해 고려를 침입했습니다.

② 전개 과정

1차 침입	거란이 대군을 이끌고 쳐들어옴. → 서희가 소손녕과 담판을 벌임. → 고려가 ❶[ ]를 획득함.
2차 침입	거란의 침입으로 한때 개경이 함락되기도 했으나 돌아가는 거란을 끈질기게 공격하여 많은 피해를 줌.
3차 침입	강감찬을 비롯한 고려군은 전투에서 패배하고 돌아가는 거란군을 ❷[ ]에서 크게 물리침(귀주 대첩).

답 | ❶ 강동 6주 ❷ 귀주

보기

⊘ 거란의 침입로

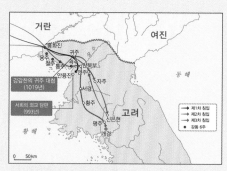

≫ 귀주 대첩 이후 고려와 송, 거란은 세력 균형을 이루어 평화로운 관계를 유지했습니다.

개념 3 조선의 건국

○ 조선의 건국 과정

❶[ ]으로 신진 사대부와 신흥 무인 세력이 권력을 장악함.	→	토지 제도를 개혁함. (과전법 실시)

→	이성계를 왕으로 추대하여 ❷[ ]을 건국함(1392년).	→	한양으로 도읍을 옮김(1394년).

답 | ❶ 위화도 회군 ❷ 조선

보기

⊘ 두 세력으로 나누어진 신진 사대부

고려 개혁파	조선 개국파
정몽주를 중심으로 고려를 유지하면서 개혁을 완성할 것을 주장함.	정도전을 중심으로 고려를 대신하여 새로운 나라를 세울 것을 주장함.

≫ 고려의 개혁을 두고 갈등이 깊어지자 이성계의 아들인 이방원이 정몽주를 죽였습니다.

확인 1-1

다음 ( ) 안의 알맞은 말에 ○표를 하시오.

(1) 4세기에 (백제 / 고구려)의 전성기를 이끌었던 왕은 근초고왕입니다.

(2) 고구려의 장수왕은 수도를 (졸본 / 평양) 지역으로 옮기고 남쪽으로 영역을 확장했습니다.

풀이ㅣ 남쪽과 북쪽으로 영토를 넓혀 백제의 전성기를 이끌었던 왕은 **❶** 이고, **❷** 은 고구려의 수도를 국내성에서 평양성으로 옮겼습니다.

답ㅣ ❶ 근초고왕 ❷ 장수왕

1-2 다음 ㉠, ㉡에 들어갈 말을 보기 에서 찾아 쓰시오.

┌보기
│　　　가야　　　　백제　　　　신라
└

┌
│　삼국은 　㉠ , 고구려, 　㉡ 의 순서로
│　전성기를 맞이했습니다.
└

㉠ (　　　　　　　) ㉡ (　　　　　　　)

확인 2-1

다음 ☐ 안에 공통으로 들어갈 말을 보기 에서 찾아 쓰시오.

┌보기
│　　　거란　　　　몽골　　　　여진
└

┌
│　고려가 송과 우호적으로 지내면서 　　　을
│　경계하자 　　　은 고려와 송의 관계를 끊기
│　위해 고려를 침입했습니다.
└

(　　　　　　　)

풀이ㅣ 고려는 거란이 세력을 확장하고 **❶** 까지 멸망시키자 거란을 경계하였고, 이후 송이 건국되자 **❷** 과 가까이 지내며 거란을 더욱 경계했습니다.

답ㅣ ❶ 발해 ❷ 송

2-2 고려가 거란의 침입을 극복한 과정에 대한 설명으로 옳은 것에 ○표를 하시오.

(1) 서희는 고려에 쳐들어온 거란 장수 소손녕과의 담판으로 동북 9성을 얻었습니다. (　　　)

(2) 거란의 3차 침입 당시 강감찬을 비롯한 고려군은 전투에서 패하고 돌아가는 거란군을 귀주에서 크게 물리쳤습니다. (　　　)

확인 3-1

다음 ( ) 안의 알맞은 말에 ○표를 하시오.

(1) 고려 말 (권문세족 / 신진 사대부)와/과 신흥무인 세력이 손을 잡고 개혁을 추진했습니다.

(2) (정도전 / 정몽주)을/를 중심으로 하는 조선 개국파는 새로운 나라를 세우자고 주장했습니다.

풀이ㅣ 나라 안팎이 혼란스러운 **❶** 의 개혁을 두고 신진 사대부들 간에 갈등이 깊어졌고, **❷** 을 중심으로 한 조선 개국파의 승리로 조선이 건국되었습니다.

답ㅣ ❶ 고려 ❷ 정도전

3-2 다음 ☐ 안에 알맞은 말을 보기 에서 찾아 쓰시오.

┌보기
│　　귀주　평양　한양　위화도
└

┌
│　이성계를 중심으로 한 세력은 조선을 건국한 이
│　후, 고려의 수도인 개경(개성)에서 오늘날의 서울
│　인 　　　(으)로 도읍을 옮겼습니다.
└

(　　　　　　　)

개념 4 강화도 조약

강화도 조약의 체결 과정

배경	일본이 ❶ [　　　] 사건을 구실로 조선에 군함을 보내 통상을 요구하며 압박함.
체결	강화도에서 일본과 조약을 맺고 개항을 함(1876년).
특징	• 우리나라가 외국과 맺은 최초의 근대적 조약 • 조선에 불리한 조항이 포함된 ❷ [　　　] 조약

답 | ❶ 운요호 ❷ 불평등

보기

✓ **운요호 사건(1875년)**

》 조선으로의 세력 확대를 노리던 일본이 무력을 사용해 벌인 사건입니다.

개념 5 우리 민족의 독립운동

3·1 운동

① 전개 과정
- 1919년 3월 1일 ❶ [　　　]에 서명한 민족 대표들이 독립 선언식을 하였고, 이후 전 국민이 만세 시위에 동참했습니다.
- 일제의 무자비한 탄압에도 만세 시위는 전국적으로 퍼져 나갔고, 국외에서도 만세 시위가 일어났습니다.

② 영향: 체계적인 독립운동의 필요성을 깨닫게 되면서 1919년 9월 중국 ❷ [　　　]에 대한민국 임시 정부가 수립되었습니다.

답 | ❶ 독립 선언서 ❷ 상하이

보기

✓ **대한민국 임시 정부의 활동 내용**

》 비밀 연락망을 조직해 국내의 독립운동을 지휘하고 독립 자금을 모금했습니다.

》 한인 애국단을 창설하여 일제에 대한 무력 항쟁을 벌였습니다.

》 여러 지역의 독립군을 모아 한국광복군을 만들어 일본과의 전쟁을 준비했습니다.

개념 6 한반도 분단 및 대한민국 정부 수립 과정

8·15 광복 직후의 상황

> 모스크바 3국 외상 회의에서 ❶ [　　　] 실시 결정 → 신탁 통치를 둘러싸고 찬반 갈등 발생 → 미소 공동 위원회의 결렬 → 한반도의 정부 수립 문제가 국제 연합으로 넘어감.

대한민국 정부의 수립 과정

> 남한에서 5·10 총선거 실시(1948년 5월 10일) → 제헌 국회 성립 → 헌법 제정 및 공포 → 제헌 국회 의원들의 간접 선거로 초대 대통령 ❷ [　　　] 선출 → 대한민국 정부 수립

답 | ❶ 신탁 통치 ❷ 이승만

보기

✓ **남한만의 단독 총선거가 이루어진 까닭**

> 국제 연합은 남북한 총선거를 실시하기 위해 한국 임시 위원단을 한반도로 보냄.

↓

> 소련의 거절로 한국 임시 위원단이 38도선 북쪽으로 들어가지 못함.

↓

> 선거가 가능한 남한만의 총선거를 주장하는 쪽(이승만)과 통일 정부를 수립하자는 쪽(김구)의 주장이 대립함.

↓

> 국제 연합에서 남한 단독 선거를 결정함.

확인 4-1

다음 □ 안에 알맞은 말을 |보기|에서 찾아 쓰시오.

┌ 보기 ┐

미국   일본   중국   프랑스

└───────────────────┘

□ 와/과 맺은 강화도 조약은 우리나라가 외국과 맺은 최초의 근대적 조약입니다.

(   )

풀이 | 운요호 사건을 계기로 조선은 ❶ □ 에서 일본과 조약을 맺고 ❷ □ 을 하게 되었습니다.

답 | ❶ 강화도 ❷ 개항

4-2 다음 (   ) 안의 알맞은 말에 ○표를 하시오.

(1) 일본은 (운요호 / 제너럴셔면호) 사건을 구실로 조선을 위협하며 통상을 요구했습니다.

(2) 1876년 조선은 (강화도 / 제주도)에서 일본과 조약을 맺고 개항을 했습니다.

확인 5-1

다음 (   ) 안의 알맞은 말에 ○표를 하시오.

(1) 1919년 (2월 8일 / 3월 1일), 민족 대표들은 서울에서 독립 선언식을 했습니다.

(2) 3·1 운동 이후 중국 (상하이 / 베이징)에 대한 민국 임시 정부가 수립되었습니다.

풀이 | 1919년에 일어난 ❶ □ 을 계기로 체계적인 독립운동의 필요성을 깨달은 민족 지도자들은 1919년 9월, 중국 상하이에 ❷ □ 임시 정부를 수립했습니다.

답 | ❶ 3·1 운동 ❷ 대한민국

5-2 다음 □ 안에 알맞은 말을 |보기|에서 찾아 쓰시오.

┌ 보기 ┐

만세   폭력   무력   촛불

└───────────────────┘

1919년 3월 1일, 서울에서 민족 대표들이 대한의 독립을 선언하는 독립 선언식을 하였고, 이후 전 국민이 □ 시위에 동참했습니다.

(   )

확인 6-1

다음 □ 안에 알맞은 말을 |보기|에서 찾아 쓰시오.

┌ 보기 ┐

미소 공동 위원회   모스크바 3국 외상 회의

└───────────────────────┘

□ 에서는 한반도에서 최대 5년간 신탁 통치를 실시한다는 내용을 결정했습니다.

(   )

풀이 | 모스크바 ❶ □ 외상 회의에서 ❷ □ 가 결정되자, 우리나라에서는 신탁 통치에 반대하는 사람들과 찬성하는 사람들 간에 갈등이 생겼습니다.

답 | ❶ 3국 ❷ 신탁 통치

6-2 대한민국 정부 수립 과정에 대한 설명으로 옳은 것에 ○표를 하시오.

(1) 1948년 5월 10일 남한에서는 국회 의원을 뽑는 첫 번째 민주 선거가 치러졌습니다. (   )

(2) 제헌 국회 의원들의 간접 선거로 김구가 초대 대통령으로 선출되었습니다. (   )

체크 1-1 삼국의 전성기

다음 중 진흥왕의 업적으로 알맞은 것은 어느 것입니까? (   )

① 삼국을 통일했다.
② 가야 연맹을 소멸시켰다.
③ 고구려의 전성기를 이끌었다.
④ 평양 지역으로 수도를 옮겼다.

도움말
진흥왕은 백제와의 전쟁에서 승리하여 한강 유역을 차지했고, 대가야를 흡수했습니다.

1-2

삼국을 전성기로 이끌었던 왕이 알맞게 짝 지어진 것을 보기에서 찾아 기호를 쓰시오.

보기
㉠ 신라 – 진흥왕
㉡ 고구려 – 근초고왕
㉢ 백제 – 광개토 대왕

(   )

체크 2-1 거란의 침입과 극복 과정

다음 내용과 관련된 인물은 누구입니까? (   )

고려와 송의 관계를 끊기 원하는 거란의 침입 의도를 파악하고, 적의 진영으로 가서 소손녕과 담판을 벌였습니다.

① 서희   ② 왕건
③ 강감찬   ④ 김윤후

도움말
거란의 1차 침입 때 거란의 장수 소손녕과 담판을 벌여 적을 돌아가게 했고 이후 영토까지 차지한 인물입니다.

2-2

거란의 침입과 극복 과정에 대한 설명으로 알맞은 것은 어느 것입니까? (   )

① 강감찬은 살수에서 거란군을 크게 물리쳤다.
② 서희의 담판 결과 고려는 강동 6주를 차지했다.
③ 삼별초가 근거지를 옮겨 가며 거란에 저항했다.
④ 거란의 1차 침입 이후 고려는 도읍을 개경에서 강화도로 옮겼다.

체크 3-1 조선 시대의 신분 제도

오른쪽 그림의 생활 모습과 관련된 조선 시대의 신분은 어느 것입니까? (   )

① 양반   ② 중인
③ 상민   ④ 천민

▲ 관리가 되거나, 유교의 가르침이 담긴 책을 공부함.

도움말
조선 시대에는 태어날 때부터 신분이 정해져 있었고, 사람들은 유교적 질서에 따라 주어진 신분에 맞게 생활했습니다.

3-2

신분에 따른 조선 시대 사람들의 생활 모습을 알맞게 이야기한 어린이를 쓰시오.

시우: 중인은 궁궐에서 그림을 그리거나 통역을 담당하기도 했어요.
나래: 양반은 대부분 농사를 지으며 나라에 큰 공사나 일이 있을 때 불려 가기도 했어요.

(   )

체크 4-1 외세의 침략

병인양요와 신미양요의 공통점을 알맞게 이야기한 어린이를 쓰시오.

> 주빈: 한양에서 전투가 일어났어요.
> 태민: 서양의 나라들이 조선에 통상을 요구하며 조선을 침략한 사건이에요.

( )

도움말
병인양요와 신미양요 이후 흥선 대원군은 전국 각지에 척화비를 세워 서양과 교류하지 않겠다는 의지를 널리 알렸습니다.

4-2

다음 ㉠, ㉡에 들어갈 나라를 보기 에서 찾아 쓰시오.

┌ 보기 ┐
미국   독일   일본   영국   프랑스

• 병인양요: ㉠ 은/는 1866년에 통상을 요구하며 강화도를 침략했습니다.
• 신미양요: ㉡ 이/가 1871년 군함을 이끌고 통상을 요구하며 강화도를 침략했습니다.

㉠ ( )   ㉡ ( )

체크 5-1 3·1 운동

3·1 운동에 대한 설명으로 옳은 것의 기호를 쓰시오.

> ㉠ 서울에서만 일어났습니다.
> ㉡ 우리나라뿐만 아니라 국외에서도 만세 시위가 일어났습니다.

( )

도움말
3·1 운동은 우리 민족이 일본의 식민 통치에 항거하고 우리나라의 독립 의지를 세계에 알린 사건입니다.

5-2

다음 □ 안에 들어갈 알맞은 지역은 어디입니까?

( )

> 3·1 운동 이후 독립을 위한 힘을 하나로 모으기 위해 1919년 9월, 중국 □ 에서 여러 임시 정부를 통합한 대한민국 임시 정부가 수립되었습니다.

① 충칭   ② 난징
③ 광저우   ④ 상하이

체크 6-1 미소 공동 위원회

다음 ( ) 안의 알맞은 단체에 ○표를 하시오.

> 미소 공동 위원회에서 임시 정부 구성 방법에 대해 합의를 이루지 못하자 (국제 연합(UN) / 유럽 연합(EU))에 넘겼습니다.

도움말
미소 공동 위원회는 한국의 신탁 통치와 완전 독립 문제를 논의하기 위해서 열렸습니다.

6-2

모스크바 3국 외상 회의에서 결정된 내용으로 옳으면 ○표를 하시오.

(1) 한반도에 임시 정부를 수립합니다. ( )
(2) 정부가 수립되기 전에 최대 5년간 신탁 통치를 실시합니다. ( )
(3) 부족한 자금을 국제 통화 기금(IMF)에서 빌려주기로 했습니다. ( )

▶ 범위 1단원

개념 1 4·19 혁명과 5·18 민주화 운동

◎ 4·19 혁명(1960년)

① 의미: 이승만의 독재와 3·15 부정 선거가 원인이 되어 일어난 민주화 운동

② 결과: **❶**〔　　　〕은 대통령 자리에서 물러났고, 새로운 정부가 세워졌습니다.

◎ 5·18 민주화 운동(1980년): **❷**〔　　　〕이 중심이 된 군인들이 정변을 일으키고 국민들의 민주화 요구를 무시하자 전라남도 광주에서 일어난 민주화 운동

답 | ❶ 이승만 ❷ 전두환

보기

✓ **3·15 부정 선거**

≫ 유권자들에게 돈이나 물건을 주면서 이승만 정부에 투표하도록 했습니다.

▲ 3·15 부정 선거의 증거물품

개념 2 6월 민주 항쟁

◎ 6월 민주 항쟁(1987년)

의미	국민들의 알 권리를 막고, 민주주의 요구를 탄압한 전두환 정권에 맞서 1987년 6월에 일어난 민주화 운동
결과	대통령 **❶**〔　　　〕 등을 포함한 6·29 민주화 선언을 이끌어 냄.

◎ 오늘날 시민들이 사회 공동의 문제 해결에 참여하는 모습: 1인 시위, 서명 운동, 선거, 투표, 공청회 참석, **❷**〔　　　〕단체 가입 등

답 | ❶ 직선제 ❷ 시민

보기

✓ **6·29 민주화 선언**

≫ 6월 민주 항쟁의 결과 6·29 민주화 선언이 발표되었습니다.

> 6·29 민주화 선언의 주요 내용
> • 대통령 직선제
> • 지방 자치제 시행
> • 언론의 자유 보장
> • 지역감정 없애기

개념 3 민주주의

◎ 민주주의

① 의미: 모든 국민이 나라의 주인으로서 권리를 갖고, 그 권리를 자유롭고 **❶**〔　　　〕하게 행사하는 정치 제도

② 기본 정신: 인간의 존엄성, 자유, 평등

◎ 선거

① 의미: 국민이 자신들을 대표할 사람을 직접 뽑는 것

② 민주 선거의 원칙: 보통 선거, 평등 선거, 직접 선거, **❷**〔　　　〕선거

답 | ❶ 평등 ❷ 비밀

보기

✓ **평등 선거**

≫ 누구나 한 사람이 한 표씩만 행사할 수 있는 선거의 원칙입니다.

누구나 한 표씩만!

확인 1-1

다음 4·19 혁명에 대한 설명에서 ( ) 안의 알맞은 말에 ○표를 하시오.

(1) 4·19 혁명은 이승만의 (독재 / 민주) 정치와 3·15 부정 선거가 원인이 되어 일어났습니다.

(2) 4·19 혁명의 결과 이승만이 (대통령 / 국회 의원) 자리에서 물러났습니다.

풀이 | 이승만은 ❶ [   ] 을 바꿔 가며 계속 대통령이 되어 독재 정치를 했으나 ❷ [   ] 혁명으로 물러났습니다.

답 | ❶헌법 ❷4·19

1-2 4·19 혁명의 원인과 결과를 바르게 줄로 이으시오.

(1) 4·19 혁명의 원인 •

(2) 4·19 혁명의 결과 •

• ㉠ 3·15 부정 선거

• ㉡ 새로운 정부 수립

확인 2-1

다음 6월 민주 항쟁에 대한 설명에서 ( ) 안의 알맞은 말에 ○표를 하시오.

(1) 국민들의 알 권리를 막고, (민주주의 / 사회주의) 요구를 탄압한 전두환 정권에 맞서 일어났습니다.

(2) 6·29 민주화 선언은 대통령 (간선제 / 직선제) 등의 내용이 포함되어 있습니다.

풀이 | 6월 민주 항쟁은 ❶ [   ] 민주화 선언을 이끌어 내 ❷ [   ] 직선제를 이뤘습니다.

답 | ❶6·29 ❷대통령

2-2 다음 □ 안에 들어갈 말을 보기 에서 찾아 쓰시오.

보기
박정희   전두환   직선제   간선제

(1) 6월 민주 항쟁은 [   ] 정부의 독재에 반대하며 일어났습니다.

(2) 6월 민주 항쟁의 결과 대통령 [   ] 가 실시되었습니다.

확인 3-1

다음 민주주의에 대한 설명에서 ( ) 안의 알맞은 말에 ○표를 하시오.

(1) 민주주의는 (대통령 / 모든 국민)이 주인으로서 권리를 갖는 정치 제도입니다.

(2) 인간의 존엄성, (자유 / 구속), 평등이 민주주의의 기본 정신입니다.

풀이 | 민주주의는 모든 국민이 나라의 ❶ [   ] 으로서의 권리를 ❷ [   ] 롭고 평등하게 행사하는 정치 제도입니다.

답 | ❶주인 ❷자유

3-2 다음 □ 안에 들어갈 민주주의의 기본 정신을 보기 에서 찾아 쓰시오.

보기
자유   평등   인간의 존엄성

(1) 국가에 구속받지 않고 자신의 의사를 결정할 수 있는 [   ] 이/가 있습니다.

(2) 성별, 인종 등으로 차별받지 않고 [   ] 하게 대우받아야 합니다.

개념 4 국회

○ **국민 주권**: 국가의 주인으로서 권리가 ❶[　　] 에게 있다는 것

○ **국회**

① 국회 의원이 나라의 중요한 일을 의논하고 결정하는 곳입니다.

② 하는 일: ❷[　　] 을 만들고 고치거나 없애기, 예산을 심의·확정하기, 국정 감사하기

▲ 국회

보기

✓ **국민 주권의 원리**

≫ 우리나라 헌법에는 국민 주권의 원리가 명시되어 있습니다.

 대한민국 헌법

제1조 제1항 대한민국은 민주공화국이다.
제1조 제2항 대한민국의 주권은 국민에게 있고, 모든 권력은 국민으로부터 나온다.

답 | ❶국민 ❷법

개념 5 정부와 법원

○ **정부**

① 법에 따라 나라의 ❶[　　] 을 맡아 하는 곳입니다.

② 정부 조직에는 대통령을 중심으로 국무총리와 여러 개의 부, 처, 청, 위원회가 있습니다.

○ **법원**

① 법에 따라 ❷[　　] 을 하는 곳입니다.

② 공정한 재판을 위한 제도: 사법권의 독립, 재판 공개, 3심 제도

보기

✓ **3심 제도**

≫ 3심 제도는 한 사건에 원칙적으로 세 번까지 재판을 받을 수 있는 제도입니다.

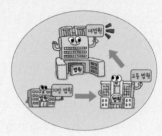

답 | ❶살림 ❷재판

개념 6 삼권 분립

○ **권력 분립**: 국가 기관이 권력을 나누어 가지고 서로 감시하는 민주 정치의 원리입니다.

○ **삼권 분립**

의미	국가 권력을 ❶[　　], 정부, 법원이 나누어 맡는 것
하는 까닭	한 기관이 국가의 중요한 일을 마음대로 처리할 수 없도록 서로 견제하고 균형을 이루어 국민의 ❷[　　]와 권리를 지키기 위해

보기

✓ **삼권 분립**

≫ 우리나라는 국가 권력을 국회, 정부, 법원이 나누어 맡습니다.

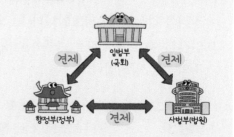

답 | ❶국회 ❷자유

확인 4-1

다음 국회에 대한 설명에서 (   ) 안의 알맞은 말에 ○표를 하시오.

(1) 국회는 (국회 의원 / 국무총리)이/가 나라의 중요한 일을 의논하고 결정하는 곳입니다.

(2) 국회는 (법 제정 / 재판) 등을 하는 곳입니다.

> 풀이 | 국회는 ❶[   ]을 만들고, 정부가 법에 따라 일을 잘하고 있는지 확인하려고 ❷[   ] 감사를 합니다.

답 | ❶ 법 ❷ 국정

4-2 입법, 국정 감사와 같은 일을 하는 기관에 ○표를 하시오.

(1) ▲ 국회   (2) ▲ 법원

(   )   (   )

확인 5-1

다음 □ 안에 들어갈 말을 「보기」에서 찾아 쓰시오.

┌ 보기 ┐
│ 국회   법원   대통령   국회 의원 │

(1) 정부 조직은 [   ]을/를 중심으로 국무총리와 여러 개의 부, 처, 청, 위원회가 있습니다.

(2) 법에 따라 재판을 하는 곳은 [   ]입니다.

> 풀이 | 정부는 ❶[   ]에 따라 나라의 살림을 맡아 하는 곳이고, 법원은 법에 따라 ❷[   ]을 하는 곳입니다.

답 | ❶ 법 ❷ 재판

5-2 정부와 법원이 하는 일을 바르게 줄로 이으시오.

(1) 정부 •

(2) 법원 •

• ㉠ 법에 따라 재판을 하는 곳

• ㉡ 법에 따라 나라의 살림을 하는 곳

확인 6-1

다음 □ 안에 들어갈 말을 「보기」에서 찾아 쓰시오.

┌ 보기 ┐
│ 삼권 분립   3심 제도 │

우리나라에서는 국민의 자유와 권리를 보장하기 위해 국가 권력을 국회, 정부, 법원이 나누어 맡는데, 이를 [   ](이)라고 합니다.

> 풀이 | 국가 권력을 국회, ❶[   ], 법원이 나누어 맡는 것은 국민의 ❷[   ]와 권리를 보장하기 위해서입니다.

답 | ❶ 정부 ❷ 자유

6-2 다음 □ 안에 들어갈 기관을 「보기」에서 찾아 쓰시오.

┌ 보기 ┐
│ 국회   청와대   헌법 재판소 │

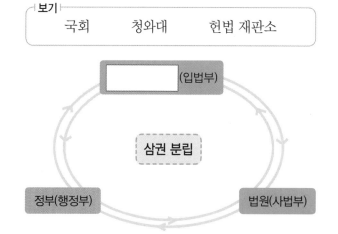

[   ] (입법부)

삼권 분립

정부(행정부)   법원(사법부)

사
회

체크 1-1 4·19 혁명

4·19 혁명의 원인이 된 사건을 찾아 기호를 쓰시오.

▲ 유신 헌법 공포

▲ 3·15 부정 선거

(　　　　　　　　)

도움말

이승만 정부는 1960년 3월 15일에 예정된 정부통령 선거에서 이기려고 부정 선거를 계획했습니다.

1-2

4·19 혁명의 결과로 알맞은 것을 ⎡보기⎤에서 찾아 기호를 쓰시오.

⎡보기⎤
㉠ 3·15 부정 선거가 무효가 되었습니다.
㉡ 새로운 정부가 세워지지 않고, 이승만 정부가 정권을 계속 차지했습니다.
㉢ 많은 시민들이 희생되어 민주주의에 대한 국민들의 관심이 사라졌습니다.

(　　　　　　　　)

체크 2-1 5·18 민주화 운동

1980년에 5·18 민주화 운동이 일어난 지역은 어디입니까? (　　　)

① 강원도 춘천　　　② 경상남도 마산
③ 전라남도 광주　　④ 충청남도 천안

도움말

전라남도 광주에서 대규모 민주화 운동이 일어나자 전두환이 보낸 계엄군은 폭력적으로 시위를 진압했습니다.

2-2

5·18 민주화 운동에 대한 설명으로 알맞은 것에 ○표를 하시오.

(1) 광주 시민들은 계엄군을 만들어 군인들에게 대항했습니다. (　　　)
(2) 부당한 정권에 맞서 민주주의를 지키려는 시민들과 학생들의 의지를 보여 주었습니다. (　　　)

체크 3-1 6월 민주 항쟁

6·29 민주화 선언에 담겨 있는 내용으로 알맞은 것은 어느 것입니까? (　　　)

① 언론 간섭
② 대통령 간선제
③ 지방 자치제 시행

도움말

1987년 6월 민주 항쟁으로 당시 여당 대표는 대통령 직선제를 포함한 민주화 요구를 받아들이겠다고 발표했습니다.

3-2

6월 민주 항쟁을 통해 시민들이 전두환 정부에 요구한 것을 ⎡보기⎤에서 찾아 기호를 쓰시오.

⎡보기⎤
㉠ 언론 통제
㉡ 대통령 직선제
㉢ 유신 헌법의 부활

(　　　　　　　　)

체크 4-1 민주 선거의 기본 원칙

다음 설명과 관련 있는 민주 선거의 기본 원칙은 어느 것입니까? (   )

투표는 내가 직접 해야 해요.

① 보통 선거
② 평등 선거
③ 직접 선거

도움말

민주주의 사회에서는 공정한 선거를 위해 보통·평등·직접·비밀 선거의 원칙에 따라 투표가 이루어집니다.

4-2

민주 선거의 기본 원칙 중 보통 선거에 대해 설명한 어린이를 찾아 이름을 쓰시오.

현수: 한 사람이 한 표씩만 행사할 수 있어.
진영: 누구에게 투표했는지 다른 사람이 알 수 없어.
지우: 선거일 기준으로 만 18세 이상의 국민이면 누구나 투표할 수 있어.

(   )

체크 5-1 국가 기관의 역할

국회에서 하는 일을 보기에서 찾아 기호를 쓰시오.

보기
㉠ 국정 감사를 합니다.
㉡ 나라의 살림을 맡아 합니다.
㉢ 법을 지키지 않은 사람을 처벌합니다.

(   )

도움말

국회에서는 법을 만드는 일을 하며, 나라의 살림에 필요한 예산을 심의하여 확정합니다.

5-2

다음과 같은 일을 하는 국가 기관을 보기에서 찾아 쓰시오.

• 사람들 사이의 다툼을 해결해 줍니다.
• 개인과 국가, 지방 자치 단체 사이에서 생긴 갈등을 해결해 줍니다.

보기

국회   정부   법원

(   )

체크 6-1 권력 분립

다음 글과 관련 있는 민주 정치의 원리에 ○표를 하시오.

한 기관이 국가의 중요한 일을 마음대로 처리할 수 없도록 서로 견제하고 균형을 이루게 하여 국민의 자유와 권리를 지키려는 것입니다.

(1) 나라의 모든 일을 법관이 결정합니다. (   )
(2) 국회, 정부, 법원이 국가의 일을 나누어 맡습니다. (   )

도움말

우리나라는 국가 권력을 국회, 정부, 법원이 나누어 맡는데, 이를 삼권 분립이라고 합니다.

6-2

다음과 같이 국가 기관이 권력을 나누어 가지고 서로 감시하는 민주 정치의 원리를 무엇이라고 합니까? (   )

▲ 국가를 다스리는 법을 만듦.

▲ 법에 따라 국가 살림을 함.

▲ 법에 따라 재판을 함.

① 대통령제   ② 권력 분립   ③ 의원 내각제

▶ 범위 2단원

개념 1 가계와 기업의 경제 활동

◎ 가계와 기업이 하는 일

① 가계: 기업의 생산 활동에 참여하고, 물건을 구입합니다.

② 기업: 일자리를 제공하고 물건을 판매해 **❶**〔   〕을 얻습니다.

◎ 가계와 기업의 합리적 선택

가계	품질, 디자인, 가격 등을 고려해 가장 적은 비용으로 큰 ❷〔 〕을 얻을 수 있도록 선택함.
기업	적은 비용으로 많은 이윤을 남기기 위한 선택을 함.

답 | ❶ 이윤 ❷ 만족감

보기

◎ 가계의 경제 활동

≫ 가계는 생산 활동의 대가로 소득을 얻어 필요한 물건을 구입합니다.

개념 2 우리나라 경제의 특징

◎ 경제 활동의 자유와 경쟁

자유	직업 활동의 자유, 직업 ❶〔 〕의 자유, 소득을 자유롭게 사용할 자유, 생산 활동의 자유 등
경쟁	• 개인: 재산과 직업을 얻기 위해 자신의 능력과 실력을 높이려고 노력함. • 기업: 값싸고 품질이 ❷〔 〕물건을 만들고 그 물건을 홍보하고자 노력함.

답 | ❶ 선택 ❷ 좋은

보기

◎ 직업 선택의 자유

≫ 우리나라는 자유롭게 직업을 선택하고 직업 활동을 할 자유가 있습니다.

장래 희망

자유롭게 직업을 선택할 거예요.

개념 3 우리나라의 경제 성장 과정

1960년대	• 경제 개발 5개년 계획을 세움. • 섬유, 신발, 가발 등 ❶〔 〕이 발전함.
1970년대	철강, 석유 화학, 조선 등 중화학 공업이 발전함.
1980년대	자동차, 기계, 전자 등의 산업이 발전함.
1990년대	정보 통신, ❷〔 〕등의 산업이 발전함.
2000년대 이후	첨단 산업, 서비스 산업 등이 발전함.

답 | ❶ 경공업 ❷ 반도체

보기

◎ 1960년대 우리나라의 경제 성장

≫ 1960년대 우리나라는 풍부한 노동력을 바탕으로 경공업 제품을 만들어 수출하며 성장했습니다.

개념 확인

확인 1-1

다음 가계와 기업에 대한 설명에서 ( ) 안의 알맞은 말에 ○표를 하시오.

(1) 가계는 기업의 생산 활동에 참여하고, 물건을 (구입 / 판매)하는 소비 활동을 합니다.

(2) 기업은 일자리를 제공하고 물건을 판매하거나 서비스를 제공해 (이윤 / 손해)을/를 얻습니다.

풀이 | 가계는 생산 활동에 참여하는 대가로 **❶** 을 얻어 물건을 **❷** 하는 등 소비 활동을 합니다.

답 | ❶소득 ❷구입

1-2 기업이 하는 일로 알맞은 것에 ○표를 하시오.

(1)  (2)

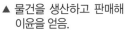

▲ 물건을 생산하고 판매해 이윤을 얻음.

▲ 소득으로 필요한 물건을 구입함.

(   )   (   )

확인 2-1

다음 □ 안에 들어갈 말을 보기에서 찾아 쓰시오.

┌ 보기 ┐
좋은   나쁜   자유롭게   정해진 대로

(1) 우리나라에서는 자신의 능력과 적성에 따라 직업을 □□□□ 선택할 수 있습니다.

(2) 기업은 이윤을 얻기 위해 서로 경쟁하며 품질이 □□□ 물건을 만들려고 노력합니다.

풀이 | 우리나라는 개인과 기업들이 **❶** 의 자유를 누리며 자신의 **❷** 을 얻으려고 경쟁합니다.

답 | ❶경제 활동 ❷이익

2-2 우리나라 경제 활동의 자유에 대한 설명으로 알맞은 것에 모두 ○표를 하시오.

(1) 기업은 생산 활동의 자유가 있습니다.

(   )

(2) 개인은 소득을 자유롭게 사용할 자유가 있습니다.

(   )

(3) 개인은 자유롭게 직업을 선택하고 직업 활동을 할 수 없습니다.

(   )

확인 3-1

다음 우리나라의 경제 성장 과정에서 ( ) 안의 알맞은 말에 ○표를 하시오.

(1) 1960년대 우리나라는 풍부한 (노동력 / 자원)을 바탕으로 경공업이 발전했습니다.

(2) 2000년대 이후 우리나라는 생명 공학, 우주 항공 등 (소비재 / 첨단) 산업이 발전했습니다.

풀이 | 우리나라의 경제는 **❶** , 기업, 근로자가 노력해 새로운 **❷** 을 발전시켰기 때문에 성장할 수 있었습니다.

답 | ❶정부 ❷산업

3-2 다음 시기에 우리나라에서 발달한 산업을 바르게 줄로 이으시오.

(1) 1960년대 •

(2) 2000년대 •

• ㉠ 첨단 산업, 서비스 산업

• ㉡ 신발, 가발 등 경공업

사회

개념 4 경제 성장에 따른 사회의 변화

○ **경제 성장으로 변화한 사회의 모습**: 고속 국도와 고속 철도의 개통, 전화와 텔레비전의 보편화, 해외여행 증가, 한류의 확산 등

○ **경제 성장 과정에서 나타난 문제점과 해결 노력**

① 빈부 격차: 정부에서는 경제 **❶**　　　　를 줄이기 위해 생계비·양육비·학비 지원, 복지 정책을 위한 법률 제정 등을 합니다.

② 노사 갈등: 정부는 **❷**　　　　와 기업가가 민주적으로 대화하고 타협해 문제를 해결하도록 중재합니다.

답 | ❶ 양극화 ❷ 근로자

보기

○ **세계적인 한류 확산**

≫ 오늘날에는 우리나라의 영화, 드라마, 대중가요 등 한류를 즐기는 외국인이 많아지고 있습니다.

▲ 우리나라 가수의 해외 팬

개념 5 다른 나라와의 경제 교류

○ **무역**

① 의미: 나라와 나라 사이에 물건과 서비스를 사고파는 것

② 하는 까닭: 나라마다 **❶**　　　　과 자본, 기술 등의 차이로 생산할 수 있는 물건이나 서비스가 다르기 때문에

○ **다른 나라와의 경제 교류가 개인과 기업에 미친 영향**

① 개인: 개인의 경제 활동 범위가 넓어지고, 소비자로서 다양한 제품 선택의 기회가 늘어납니다.

② 기업: 새로운 **❷**　　　　과 아이디어를 주고받을 수 있고, 다른 나라에 공장을 세워 제조 비용과 운반 비용을 줄일 수 있습니다.

답 | ❶ 자연환경 ❷ 기술

보기

○ **다른 나라와의 경제 교류가 개인에게 미친 영향**

≫ 다른 나라와의 경제 교류로 전 세계의 값싸고 다양한 물건을 선택할 수 있는 기회가 늘었습니다.

개념 6 무역 문제의 원인과 해결 방안

○ **무역 문제의 발생 원인**: 서로 자기 나라의 경제를 **❶**　　　　하고, 산업을 더 키우려 하기 때문에 무역 문제가 발생합니다.

○ **무역 문제의 해결 방안**

① 무역과 관련된 일을 하는 **❷**　　　　에 가입합니다.

② 무역 문제로 생기는 피해를 줄이는 대책을 마련해야 합니다.

③ 세계 여러 나라가 모여 협상하고 합의하려는 노력이 필요합니다.

답 | ❶ 보호 ❷ 국제기구

보기

○ **우리나라와 다른 나라의 무역 문제**

≫ 다른 나라의 수입 제한으로 우리나라의 수출이 감소합니다.

≫ 한국산 물건에 높은 관세를 부과하여 경쟁에서 불리합니다.

≫ 다른 나라의 수산물 수입을 거부해 다른 나라와 갈등을 겪습니다.

확인 4-1

경제 성장 과정에서 나타난 문제점과 정부의 해결 노력을 바르게 줄로 이으시오.

(1) | 노사 갈등 | ·   · ㉠ | 경제 양극화를 줄이기 위한 법률 제정

(2) | 빈부 격차 | ·   · ㉡ | 근로자와 기업가의 갈등 해결 중재

풀이 | 정부에서는 사회적 약자를 위한 ❶ [ ] 와 정책을 마련하고 ❷ [ ] 을 지원하기도 합니다.

답 | ❶ 제도 ❷ 소득

4-2 다음 ☐ 안에 들어갈 말을 보기에서 찾아 쓰시오.

┌ 보기 ┐
평등   양극화   노사

(1) 정부에서는 경제 [ ] 를 줄이기 위해 여러 복지 정책을 위한 법률을 제정합니다.

(2) 정부는 [ ] 갈등을 해결하기 위해 근로자와 기업가 사이의 문제를 해결하도록 중재합니다.

확인 5-1

다음 무역에 대한 설명에서 ( ) 안의 알맞은 말에 ○표를 하시오.

(1) 무역은 나라 사이에 물건과 서비스를 사고팔며 경제적으로 (교류 / 단절)하는 것입니다.

(2) 무역을 하는 까닭은 나라마다 생산할 수 있는 제품이 (같기 / 다르기) 때문입니다.

풀이 | 나라마다 자연환경과 자본, ❶ [ ] 등의 차이로 생산할 수 있는 제품이 ❷ [ ] 때문에 무역을 합니다.

답 | ❶ 기술 ❷ 다르기

5-2 다음 ☐ 안에 들어갈 말을 보기에서 찾아 쓰시오.

┌ 보기 ┐
무역   갈등   자연환경

(1) 나라와 나라 사이에 물건과 서비스를 사고파는 것을 [ ] (이)라고 합니다.

(2) 나라마다 [ ] 등의 차이로 생산할 수 있는 제품이 다르기 때문에 무역을 합니다.

확인 6-1

다음 ( ) 안의 알맞은 말에 ○표를 하시오.

(1) 무역 문제를 해결하기 위해 무역과 관련된 일을 하는 국제기구에 (가입 / 탈퇴)해야 합니다.

(2) 무역 문제로 생기는 피해를 (늘리는 / 줄이는) 대책을 마련해야 합니다.

풀이 | 무역 문제가 발생했을 때 ❶ [ ] 에 도움을 요청하거나 다른 나라와 ❷ [ ] 등의 노력을 합니다.

답 | ❶ 국제기구 ❷ 협상

6-2 무역 문제를 해결하는 방안으로 알맞은 것에 ○표를 하시오.

(1) 우리나라 안에서만 문제를 해결해야 합니다.

( )

(2) 무역과 관련된 일을 하는 국제기구에 도움을 요청하여 무역 문제를 해결할 수 있습니다.

( )

사회

체크 1-1 가계와 기업이 하는 일

다음에서 설명하는 경제 주체를 보기에서 찾아 쓰시오.

▲ 생산 활동에 참여하고 소득을 얻음.

▲ 소득으로 필요한 물건을 구입함.

┌ 보기 ┐
가계   기업   정부

(   )

도움말

가계는 생산 활동에 참여하고, 소비 활동을 하면서 가정살림을 같이하는 생활 공동체입니다.

1-2

다음 그림을 보고, 알맞은 설명에 ○표를 하시오.

(1) 가계는 기업의 생산 활동에 참여하지 않습니다.

(   )

(2) 가계와 기업은 시장에서 물건과 서비스를 거래합니다.

(   )

체크 2-1 우리나라 경제의 특징

다음과 같이 개인이 경쟁하는 까닭으로 알맞은 것에 ○표를 하시오.

▲ 면접을 보는 모습

(1) 합리적 소비를 하기 위해서   (   )

(2) 원하는 직업을 얻기 위해서   (   )

(3) 자신이 추구하는 가치를 지키기 위해서

(   )

도움말

개인은 더 좋은 일자리를 얻으려고 다른 사람과 서로 경쟁을 하기도 합니다.

2-2

다음과 같이 기업이 경쟁하는 까닭으로 알맞은 것은 어느 것입니까? (   )

▲ 손님을 끌어들이고자 식당끼리 경쟁하는 모습

① 이윤을 얻기 위해서

② 물건을 적게 팔기 위해서

③ 직업 선택의 자유를 얻기 위해서

체크 3-1 우리나라의 경제 성장

경제 성장을 위한 정부의 노력과 관련하여 ☐ 안에 들어갈 알맞은 말을 보기에서 찾아 쓰시오.

1962년에 정부는 ☐ 계획을 세우고, 국내에서 생산한 제품을 수출했습니다.

┌ 보기 ┐
경제 개발 5개년 　　　 중화학 공업 육성

(　　　　　　　　)

도움말
경제 개발 5개년 계획은 정부가 경제 발전을 위해 1962년부터 1986년까지 5년 단위로 추진한 경제 계획입니다.

3-2

우리나라의 경제 성장 과정에 대한 설명에서 ☐ 안에 들어갈 알맞은 말은 어느 것입니까? (　　　)

1990년대 후반부터 정부와 기업은 정보화 사회의 경제 발전을 위해 전국에 걸쳐 ☐을/를 만들었습니다.

① 고속 국도
② 석유 화학 단지
③ 초고속 정보 통신망

체크 4-1 다른 나라와의 경제 교류

나라와 나라 사이에 경제 교류가 발생하는 까닭으로 알맞은 것은 어느 것입니까? (　　　)

① 사용하는 언어가 달라서
② 가지고 있는 종교가 같아서
③ 나라마다 자연환경과 자원이 달라서

도움말
나라마다 자연환경과 자원, 기술 등에 차이가 있어 더 잘 생산할 수 있는 물건이나 서비스가 다릅니다.

4-2

다음에서 설명하는 용어를 보기에서 찾아 쓰시오.

┌ 보기 ┐
수출 　　　 수입

(1) 무역을 할 때 다른 나라에 물건을 파는 것입니다.
(　　　　　　　　)

(2) 무역을 할 때 다른 나라에서 물건을 사 오는 것입니다.
(　　　　　　　　)

체크 5-1 무역 문제의 원인과 해결 방안

무역 문제가 발생하는 원인으로 알맞지 <u>않은</u> 것은 어느 것입니까? (　　　)

① 자기 나라의 산업을 더 키우려고 하기 때문에
② 서로 자기 나라의 경제를 보호하려고 하기 때문에
③ 같은 종류의 물건을 생산하는 나라가 없기 때문에

도움말
무역 문제는 서로 자기 나라의 경제만을 보호하고, 자기 나라의 산업을 더 키우려고 하기 때문에 발생합니다.

5-2

다음과 같이 무역을 하면서 일어날 수 있는 문제를 해결하는 방안으로 알맞은 것에 ○표를 하시오.

다른 나라에서 수입한 물건의 가격이 지나치게 낮아 우리나라 산업이 피해를 입고 있어.

(1) 국제기구에 도움을 요청합니다. (　　　)
(2) 강대국이 해결해 줄 때까지 기다립니다. (　　　)

교과 과정 5학년 2학기

1 다음 고조선의 법을 통해 알 수 있는 점은 어느 것입니까? (   )

① 화폐의 개념이 있었다.
② 개인의 재산을 인정했다.
③ 청동기 문화가 발달했다.
④ 큰 죄는 엄하게 다스렸다.

교과 과정 5학년 2학기

신유형

2 다음 선생님의 질문에 대한 학생의 대답으로 알맞은 것은 어느 것입니까? (   )

① 삼국 통일을 이루었어요.
② 가야 연맹을 소멸시켰어요.
③ 평양 지역으로 수도를 옮겼어요.

교과 과정 5학년 2학기

3 다음은 왕건에 대한 검색 결과입니다. ㉠에 들어갈 알맞은 나라를 쓰시오.

---- ▽	왕건	검색

• 송악(개성)의 호족입니다.
• 후고구려의 건국을 도왔습니다.
• 918년에 [㉠] 을/를 세웠습니다.

(   )

교과 과정 5학년 2학기

4 다음 전법으로 승리를 거둔 전투는 어느 것입니까?
(   )

▲ 학익진 전법

① 행주 대첩   ② 명량 대첩
③ 노량 해전   ④ 한산도 대첩

5 교과 과정 5학년 2학기

다음에서 설명하는 인물은 누구입니까? (   )

> 세력이 약해진 명과 새롭게 강대국으로 성장하는 후금 사이에서 중립 외교를 펼쳤습니다.

① 인조　　　　　② 이성계
③ 이순신　　　　④ 광해군

6 교과 과정 5학년 2학기　　　　　**융합**

다음은 정조와 가상 인터뷰를 하는 모습입니다. ㉠에 들어갈 알맞은 말은 어느 것입니까? (   )

왕권 강화를 위해 어떤 개혁 정책을 실시하셨습니까?

탕평책을 이어받아 인재를 고루 뽑았고, ㉠ 을 설치해 학자들에게 학문을 연구하게 했습니다.

① 규장각　　　　② 근정전
③ 성균관　　　　④ 집현전

7 교과 과정 5학년 2학기　　　　　**신경향**

다음 신문 기사의 제목과 관련 있는 역사적 사건을 쓰시오.

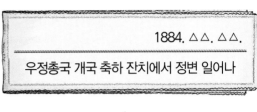

1884. △△. △△.

우정총국 개국 축하 잔치에서 정변 일어나

(　　　　　　　　)

8 교과 과정 5학년 2학기

다음 검색 결과에서 ☐ 안에 들어갈 알맞은 말은 어느 것입니까? (   )

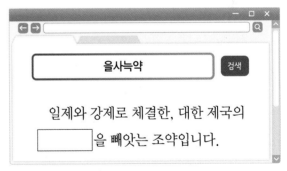

을사늑약　　　검색

일제와 강제로 체결한, 대한 제국의 ☐ 을 빼앗는 조약입니다.

① 참정권　　　　② 사법권
③ 외교권　　　　④ 행정권

사회

교과 과정 5학년 2학기

9 다음과 같은 활동을 했던 단체로 알맞은 것은 어느 것입니까? (   )

> 우리글의 가치를 알리고자 한글을 보급하고 사전을 편찬하는 데 힘썼습니다.

① 독립 협회   ② 조선어 학회
③ 만민 공동회   ④ 신흥 강습소

교과 과정 5학년 2학기

10 6·25 전쟁의 과정에서 가장 먼저 일어난 일을 나타낸 지도로 알맞은 것은 어느 것입니까? (   )

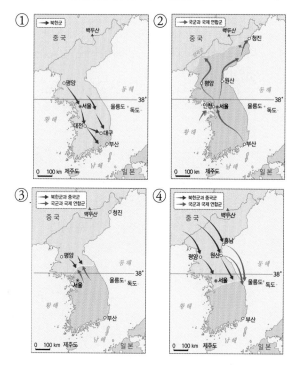

창의

교과 과정 6학년 1학기

11 다음 힌트와 관련 있는 정부는 무엇입니까?
(   )

> ☝ 3·15 부정 선거
>
> ✌ 4·19 혁명
>
> 🤟 독재 정치

① 노태우 정부   ② 이승만 정부
③ 전두환 정부   ④ 박정희 정부

교과 과정 6학년 1학기

12 다음 내용과 관련 있는 민주화 노력으로 알맞은 것은 어느 것입니까? (   )

> 시민들과 학생들은 전두환 정부의 독재에 반대하고 대통령 직선제를 요구하며 전국 곳곳에서 시위를 벌였어요.

① 4·19 혁명
② 6월 민주 항쟁
③ 5·16 군사 정변
④ 5·18 민주화 운동

13 다음 그림과 관련 있는 민주 선거의 기본 원칙은 무엇인지 쓰시오.

(   ) 선거

융합

14 다음 내용에서 밑줄 친 방법으로 문제를 해결할 때 주의할 점으로 알맞은 것은 어느 것입니까?
(   )

 안녕하십니까? 오늘은 점심시간 운동장 사용 문제를 논의하겠습니다.

 점심시간을 반으로 나눠 저학년과 고학년이 각각 사용하는 것은 어떨까요?

⋮

그럼 지금까지 나온 많은 의견들 중에 다수결로 정하도록 하겠습니다.

① 대화를 거치지 않아야 한다.

② 소수의 의견을 존중해야 한다.

③ 다수의 의견이 항상 옳다고 생각해야 한다.

15 다음과 같은 일을 하는 기관을 쓰시오.

• 법을 만들거나 고칩니다.
• 나라의 살림에 필요한 예산을 확정합니다.

(   )

16 다음과 같은 일을 담당하는 정부 조직은 어디입니까? (   )

 나라를 지켜요.

① 법무부   ② 국방부

③ 통일부   ④ 보건복지부

사회

● 정답 17쪽

교과 과정 6학년 1학기

17 다음 설명과 관련이 <u>없는</u> 것은 어느 것입니까?

( )

- 가계와 기업이 만나는 곳입니다.
- 만질 수 없는 물건을 사고팝니다.

① 외환 시장
② 주식 시장
③ 인력 시장
④ 전통 시장

교과 과정 6학년 1학기

18 다음과 같은 경제 활동을 할 수 있는 까닭으로 알맞은 것은 어느 것입니까? ( )

① 나라에서 직업을 정해 줘서
② 경제 활동을 할 때 경쟁을 못해서
③ 얻을 수 있는 소득이 정해져 있어서
④ 경제 활동을 자유롭게 할 수 있어서

교과 과정 6학년 1학기 **신유형**

19 다음 우리나라의 경제 성장 과정에서 밑줄 친 ㉠과 관련 있는 사진으로 알맞은 것은 어느 것입니까?

( )

| 1950년대 | → | 1960년대 | → | 1970년대 |

↓

| 2000년대 | ← | 1990년대 | ← | ㉠ 1980년대 |

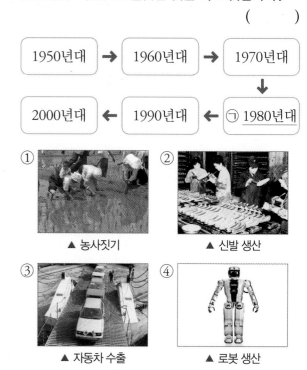

① ▲ 농사짓기
② ▲ 신발 생산
③ ▲ 자동차 수출
④ ▲ 로봇 생산

교과 과정 6학년 1학기

20 다음 그림과 같이 두 나라가 서로 필요한 물건과 서비스를 사고파는 것을 무엇이라고 하는지 쓰시오.

( )

기초성취도 평가 2회

[교과 과정] 5학년 2학기

1 다음과 같은 건국 이야기가 전해지는 나라는 어디입니까? (   )

> 환웅은 바람, 비, 구름을 다스리는 신하와 무리 삼천 명을 이끌고 내려와 세상을 다스렸다. … (중략) … 웅녀는 환웅과 결혼해 아들을 낳았고, 그 아들이 후에 단군왕검이 되어 나라를 건국했다.
>
> - 「삼국유사」 -

① 백제　　　　② 신라
③ 고조선　　　④ 고구려

[교과 과정] 5학년 2학기　**신유형**

2 서우는 귀주 대첩을 승리로 이끈 인물에게 줄 상장을 만들었습니다. □ 안에 알맞은 인물을 쓰시오.

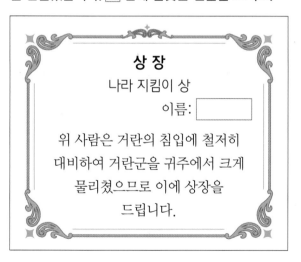

상 장

나라 지킴이 상

이름: ☐

위 사람은 거란의 침입에 철저히 대비하여 거란군을 귀주에서 크게 물리쳤으므로 이에 상장을 드립니다.

(　　　　　　)

[교과 과정] 5학년 2학기

3 상감 청자에 대한 설명으로 알맞은 것은 어느 것입니까? (   )

① 다양한 용도로 쓸 수 없었다.
② 조선 시대를 대표하는 문화유산이다.
③ 만들기가 쉽고 가치가 낮은 제품이다.
④ 당시 귀족들의 화려한 문화를 엿볼 수 있다.

[교과 과정] 5학년 2학기　**신경향**

4 세종 대의 문화유산을 주제로 만든 카드가 아닌 것은 어느 것입니까? (   )

①
청자

②
자격루

③
측우기

④
앙부일구

교과 과정 5학년 2학기

5 다음 밑줄 친 '이것'으로 알맞은 건축물은 어느 것입니까? (   )

> 정조는 새로운 과학 기술을 응용하여 이것을 건설하고 상업의 중심지로 삼으려 했습니다.

① 숭례문　　　　② 경복궁
③ 남한산성　　　④ 수원 화성

교과 과정 5학년 2학기

6 다음 비석을 세운 사람과 비석의 이름이 알맞게 짝 지어진 것은 어느 것입니까? (   )

"외세가 침범했는데 싸우지 않는 것은 곧 나라를 팔아먹는 것이다."

① 영조 – 탕평비
② 정조 – 탕평비
③ 고종 – 척화비
④ 흥선 대원군 – 척화비

교과 과정 5학년 2학기

7 다음에서 설명하는 역사적 사건은 무엇인지 쓰시오.

> 고종이 완강히 거부했음에도 일제의 특사로 대한 제국에 온 이토 히로부미는 궁궐을 포위한 상태에서 외교권을 빼앗는 조약을 강제로 체결했습니다.

(　　　　　　　　　)

교과 과정 5학년 2학기

8 다음과 같은 일제의 토지 조사 사업으로 인해 한국인들이 겪은 어려움으로 알맞은 것은 어느 것입니까? (   )

① 땅을 잃는 농민들이 생겼다.
② 신사에 강제로 참배해야 했다.
③ 이름을 일본식으로 바꿔야 했다.
④ 우리나라의 말과 글을 사용하기 어려웠다.

9 교과 과정 5학년 2학기

다음은 광복 당시에 살았던 어린이의 입장이 되어 쓴 일기입니다. ㉠에 들어갈 내용으로 알맞지 <u>않은</u> 것은 어느 것입니까? (   )

> 1945년 ○월 ○○일   날씨: ☀ ☁ ☁ ☂ ☃
>
> 광복 후 처음 등교하는 날, 처음으로 일본인 교사가 일본말로 하는 수업이 아니라 우리나라 선생님께 우리말로 배울 수 있었다.
>
> 또, _____㉠_____
>
> 교실에서 일본과 관련된 것들도 사라졌다.

① 학교에는 태극기가 걸렸다.
② 우리말 노래를 부를 수 있었다.
③ 황국 신민 서사를 외워야 했다.

10 교과 과정 5학년 2학기

다음 지도와 같이 국군과 국제 연합군이 후퇴하게 된 계기가 된 사건은 무엇입니까? (   )

① 중국군의 개입
② 인천 상륙 작전
③ 정전 협정 체결
④ 국제 연합군 파견

11 교과 과정 6학년 1학기

다음과 같은 일을 계기로 일어난 사건을 쓰시오.

> • 이승만 정부의 독재 정치와 부정부패
> • 이승만 정부의 3·15 부정 선거

(   )

12 교과 과정 6학년 1학기

다음 사건들의 공통점으로 알맞은 것은 어느 것입니까? (   )

▲ 4·19 혁명   ▲ 5·18 민주화 운동   ▲ 6월 민주 항쟁

① 민주주의를 발전시켰다.
② 독재 정치가 강화되었다.
③ 군인들이 정권을 장악했다.
④ 지방 자치제가 실시되었다.

교과 과정 6학년 1학기

13 선거의 기본 원칙에 대해 알맞게 이야기한 어린이를 쓰시오.

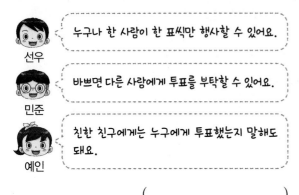

선우: 누구나 한 사람이 한 표씩만 행사할 수 있어요.

민준: 바쁘면 다른 사람에게 투표를 부탁할 수 있어요.

예인: 친한 친구에게는 누구에게 투표했는지 말해도 돼요.

( )

교과 과정 6학년 1학기

창의

14 다음 세 고개 놀이 질문의 답으로 알맞은 것은 어느 것입니까? ( )

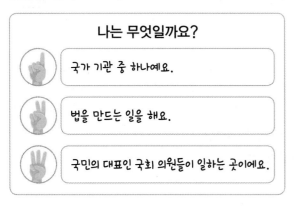

나는 무엇일까요?

국가 기관 중 하나예요.

법을 만드는 일을 해요.

국민의 대표인 국회 의원들이 일하는 곳이에요.

① 정부   ② 법원
③ 국회   ④ 시민 단체

교과 과정 6학년 1학기

15 다음 그림을 보고 알 수 있는 법원의 역할로 알맞은 것은 어느 것입니까? ( )

△△ 씨가 층간 소음으로 정신적 피해를 입은 만큼 배상하세요.

① 예산을 심의하여 확정한다.
② 사람들 사이의 다툼을 해결한다.
③ 법에 따라 나라의 살림을 맡아 한다.
④ 대통령을 도와 행정 각 부를 관리한다.

교과 과정 6학년 1학기

16 다음 설명과 관련된 경제 주체는 어느 것입니까?
( )

생산 활동에 참여한 대가로 소득을 얻어 생활에 필요한 물건과 서비스를 구매합니다.

① 기업   ② 정부
③ 가계   ④ 시장

사
회

[코딩]

17 [교과 과정] 6학년 1학기

다음 코딩 명령어를 따라 내려갈 때 철강 산업이 위치하는 곳을 찾아 기호를 쓰시오.

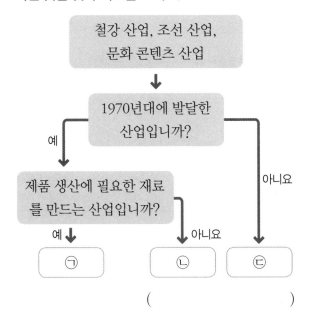

철강 산업, 조선 산업, 문화 콘텐츠 산업

↓

1970년대에 발달한 산업입니까?

예 ↓ / 아니요

제품 생산에 필요한 재료를 만드는 산업입니까?

예 ↓ 아니요 ↓

㉠ / ㉡ / ㉢

(   )

18 [교과 과정] 6학년 1학기

다음과 같은 방법으로 해결할 수 있는 경제 성장 과정에서 나타난 문제는 어느 것입니까? (   )

▲ 전기 자동차의 보급 지원 정책

① 빈부 격차   ② 노사 갈등
③ 환경 오염   ④ 일손 부족

[융합]

19 [교과 과정] 6학년 1학기

다음 국어사전의 ㉠에 들어갈 말로 알맞은 것은 어느 것입니까? (   )

㉠ (FTA)

나라 간 물건이나 서비스 등의 자유로운 이동을 위해 세금, 법과 제도 등의 문제를 줄이거나 없애기로 한 약속입니다.

① 관세
② 자유 무역 협정
③ 세계 무역 기구
④ 공정 거래 위원회

20 [교과 과정] 6학년 1학기

다음 그림을 보고 알맞게 이야기한 어린이는 누구입니까? (   )

대한민국에서 수입하는 세탁기에 세금을 더 부과하겠습니다.

① 현수: 우리나라에 좋은 소식이야.
② 도윤: 우리나라 기업이 어려움에 처했어.
③ 서진: 우리나라도 미국 세탁기를 살 수 있어.

학업성취도 평가 **1**회

교과 과정 5학년 2학기

1 신라의 전성기를 이끌었던 진흥왕의 업적으로 알맞은 것은 어느 것입니까? [4점] (   )

① 신라 건국

② 평양 천도

③ 삼국 통일

④ 대가야 흡수

⑤ 요동 지역 차지

교과 과정 5학년 2학기

2 '해동성국'이라 불렸던, 다음 지도의 □ 안에 들어갈 나라를 쓰시오. [5점]

(   )

교과 과정 5학년 2학기

3 거란의 장수 소손녕과 담판을 벌였던, ㉠에 들어갈 인물은 누구입니까? [4점] (   )

너희 나라는 신라 땅에서 일어났고, 고구려 땅은 우리 소유인데 너희들이 침범해 왔다. **소손녕**

우리나라는 고구려의 옛 땅에 있기에 나라 이름을 고려라 했다. 만일 국경 문제를 논한다면 거란 땅의 일부도 우리 땅에 있는데, 어찌 우리가 침범해 왔다고 말하는가? ㉠

① 서희   ② 양규   ③ 왕건

④ 강감찬   ⑤ 정몽주

교과 과정 5학년 2학기   **신유형**

4 다음 ㉠에 들어갈 검색어로 알맞은 것은 어느 것입니까? [4점] (   )

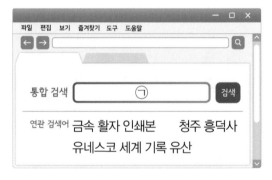

파일 편집 보기 즐겨찾기 도구 도움말

통합 검색 ㉠ 검색

연관 검색어 금속 활자 인쇄본   청주 흥덕사
유네스코 세계 기록 유산

① 『칠정산』   ② 『농사직설』

③ 『팔만대장경』   ④ 『삼강행실도』

⑤ 『직지심체요절』

---

5 교과 과정 | 5학년 2학기 [신경향]

다음 질문에 대한 댓글로 알맞지 <u>않은</u> 것은 어느 것입니까? [4점] (   )

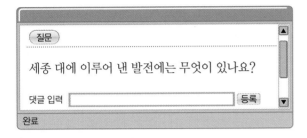

① 4군 6진을 개척했어요.

② 훈민정음을 만들었어요.

③ 쓰시마섬을 정벌했어요.

④『경국대전』을 완성했어요.

⑤ 혼천의, 자격루 등의 과학 기구를 만들었어요.

6 교과 과정 | 5학년 2학기

다음 지도와 관련 있는 역사적 사건은 어느 것입니까?

[4점] (   )

① 병자호란

② 임진왜란

③ 귀주 대첩

④ 청산리 대첩

⑤ 위화도 회군

7 교과 과정 | 5학년 2학기

다음 탕평비와 관련 있는 영조의 개혁 정책을 쓰시오.

[5점]

두루 사귀면서 편을 가르지 않는 것이 군자의 공정한 마음이요, 편을 가르고 두루 사귀지 않는 것은 소인의 사사로운 마음이다.

▲ 탕평비(서울특별시 종로구)

(   )

8 교과 과정 | 5학년 2학기

조선 후기에 다음과 같은 관리들의 횡포가 계기가 되어 일어난 사건은 어느 것입니까? [4점] (   )

이 사람은 농사에 사용한 물값을 내지 않았습니다.

▲ 백성들에게 강제로 세금을 거두었음.

① 갑신정변

② 병인양요

③ 신미양요

④ 동학 농민 운동

⑤ 강화도 조약 체결

사회

9 교과 과정 5학년 2학기 [신유형]

다음 신문 기사에서 다루고 있는 역사적 사건은 어느 것입니까? [4점] (   )

> **역사 신문**
> 조선의 통치권을 빼앗는 데 명성 황후가 걸림돌이라고 생각한 일제는 1895년, 경복궁에 침입해 명성 황후를 시해하고 시신을 불태우는 만행을 저질렀다.

① 갑신정변   ② 을사늑약
③ 을미사변   ④ 아관 파천
⑤ 대한 제국 선포

10 교과 과정 5학년 2학기

다음 인물에 대한 설명으로 알맞은 것은 어느 것입니까? [4점] (   )

▲ 안중근

①『독립신문』을 창간했다.
② 평민 출신의 의병장이다.
③ 이토 히로부미를 저격했다.
④ 토지 조사 사업을 시행했다.
⑤ 을사늑약을 강제로 체결했다.

11 교과 과정 5학년 2학기 [창의]

다음 밑줄 친 부분에 들어갈 알맞은 말은 어느 것입니까? [4점] (   )

> 내가 태어난 해인 1945년에는 _____

① 6·25 전쟁이 일어났어요.
② 제헌 헌법이 공포되었어요.
③ 대한민국 정부가 수립되었어요.
④ 꿈에 그리던 광복이 찾아왔어요.
⑤ 국회 의원을 뽑는 첫 번째 민주 선거가 실시되었어요.

12 교과 과정 5학년 2학기

대한민국 정부 수립 과정을 순서에 맞게 나열한 것은 어느 것입니까? [4점] (   )

> ㉠ 5·10 총선거
> ㉡ 제헌 헌법 공포
> ㉢ 초대 대통령 선출
> ㉣ 대한민국 정부 수립

① ㉠ → ㉡ → ㉢ → ㉣
② ㉠ → ㉡ → ㉣ → ㉢
③ ㉡ → ㉠ → ㉣ → ㉢
④ ㉡ → ㉢ → ㉣ → ㉠
⑤ ㉣ → ㉡ → ㉠ → ㉢

교과 과정 6학년 1학기

13 다음 4·19 혁명의 과정에서 가장 늦게 일어난 일은 어느 것입니까? [4점] (   )

①
▲ 이승만이 대통령 자리에서 물러남.

②
▲ 대학교수들이 정부에 항의함.

③
▲ 3·15 부정 선거 전 대구에서 학생들의 시위가 일어남.

④
▲ 마산에서 3·15 부정 선거를 비판하는 시위가 일어남.

⑤
▲ 4월 19일에 전국에서 시위가 일어남.

교과 과정 6학년 1학기

14 다음과 같이 민주화와 대통령 직선제를 요구하며 전국에서 일어난 시위는 무엇인지 쓰시오. [5점]

▲ 1987년 제주 서귀포에서의 시위 모습

(   )

신유형

교과 과정 6학년 1학기

15 다음 칠판에 적힌 내용과 관련 있는 제도는 어느 것입니까? [4점] (   )

6·29 민주화 선언에 따라 다시 부활했습니다.

일정한 지역의 주민과 이들로부터 선출된 지방 의회 의원과 지방 자치 단체장이 해당 지역의 일을 스스로 처리하는 제도

① 지방 자치제   ② 고용 보험제
③ 국민 연금제   ④ 주민 소환제
⑤ 대통령 직선제

교과 과정 6학년 1학기

16 민주 선거의 기본 원칙 중 다음 그림과 관련 있는 것은 어느 것입니까? [4점] (   )

누구나 한 사람이 한 표씩만 행사할 수 있어요.

① 자유 선거   ② 보통 선거
③ 평등 선거   ④ 직접 선거
⑤ 비밀 선거

17

교과 과정 6학년 1학기 　　신경향

국회에서 하는 일 중 다음 신문 기사와 관련 있는 것은 어느 것입니까? [4점] (　　　)

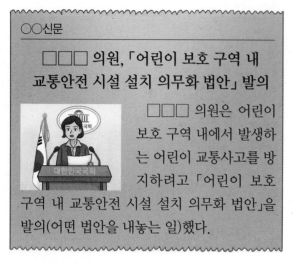

○○신문

□□□ 의원, 「어린이 보호 구역 내 교통안전 시설 설치 의무화 법안」 발의

□□□ 의원은 어린이 보호 구역 내에서 발생하는 어린이 교통사고를 방지하려고 「어린이 보호 구역 내 교통안전 시설 설치 의무화 법안」을 발의(어떤 법안을 내놓는 일)했다.

① 법을 만든다.
② 법을 없앤다.
③ 국정 감사를 한다.
④ 예산을 심의하여 확정한다.
⑤ 이미 쓰인 예산을 검토한다.

18

교과 과정 6학년 1학기

다음에서 설명하는 사람은 누구인지 쓰시오. [4점]

- 대통령을 도와 각 부를 관리합니다.
- 대통령이 외국을 방문하거나 특별한 이유로 일하지 못하면 대통령의 임무를 대신합니다.

(　　　　　　　　)

19

교과 과정 6학년 1학기 　　융합

다음은 현민이네 가족에게 필요한 텔레비전에 대한 내용입니다. 현민이네 가족이 선택할 텔레비전은 어느 것입니까? [4점] (　　　)

같은 조건이면 더 크고 싼 텔레비전을 사고 싶어요.

	종류	크기	가격
①	천재 텔레비전	81 cm	35만 원
②	해법 텔레비전	81 cm	40만 원
③	일등 텔레비전	81 cm	45만 원
④	열공 텔레비전	107 cm	40만 원
⑤	최고 텔레비전	107 cm	35만 원

20

교과 과정 6학년 1학기

다음 그림 속 어린이가 합리적 선택을 하는 기준으로 알맞은 것은 어느 것입니까? [4점] (　　　)

플라스틱 빨대 대신 사용해야지.

친환경 대나무 빨대　스테인리스강 빨대　종이 빨대

① 가격이 싼 것을 고른다.
② 크기가 작은 것을 고른다.
③ 디자인이 예쁜 것을 고른다.
④ 다른 나라에서 만든 것을 고른다.
⑤ 환경을 오염시키지 않는 것을 고른다.

21 [교과 과정] 6학년 1학기

다음에서 설명하는 산업의 종류를 쓰시오. [5점]

> • 식료품, 섬유, 종이 등 비교적 가벼운 물건을 만드는 산업입니다.
> • 우리나라에서는 정부의 경제 개발 계획에 따라 1960년대에 발달한 산업입니다.

( )

22 [교과 과정] 6학년 1학기

다음 신문 기사의 제목을 보고 알 수 있는 사실은 어느 것입니까? [4점] ( )

□□백화점 붕괴   IMF 구제 금융 요청

① 경제 성장은 빠르게 할수록 좋다.
② 경제 성장으로 소득 격차가 사라졌다.
③ 경제 성장으로 농촌의 인구가 증가했다.
④ 경제가 성장해도 사회는 변하지 않는다.
⑤ 급격한 경제 성장으로 사회 문제가 나타났다.

창의

23 [교과 과정] 6학년 1학기

다음 뉴스 내용에 대한 설명으로 알맞지 <u>않은</u> 것은 어느 것입니까? [4점] ( )

> 정부가 몽골과 협약을 체결해 정보 통신 기술을 활용한 의료 수출의 길을 열었습니다. 양국이 체결한 협약으로 한국에서 치료를 받고 귀국한 몽골인 환자들은 원격으로 지속적인 치료를 받을 수 있게 되었습니다.

'한국-몽골, 원격 의료 협력 확대'

① 서비스 분야의 교류 모습이다.
② 물건을 교류하고 있는 모습이다.
③ 다른 나라와의 경제 교류 모습이다.
④ 몽골의 의료 환경 개선에 도움이 될 것이다.
⑤ 한국에서 치료받는 몽골 환자가 늘어날 것이다.

24 [교과 과정] 6학년 1학기

다음 식당에서 볼 수 있는 식재료 원산지 안내판의 원산지가 다양한 까닭은 무엇입니까? [4점] ( )

식재료 원산지 안내판

음식명	품목	원산지
삼겹살	돼지고기	칠레
닭볶음탕	닭고기	브라질
고등어구이	고등어	노르웨이
김치찌개	고춧가루	중국

① 경제적 양극화   ② 해외여행 감소
③ 노사 갈등 확산   ④ 문화 교류 축소
⑤ 활발한 경제 교류

교과 과정 5학년 2학기

1 다음과 같은 업적을 이룬 백제의 왕은 누구입니까?
[4점] (   )

> 남쪽으로 영토를 넓히고 고구려를 공격해 북쪽으로 진출했습니다. 그리고 주변 나라들과 활발하게 교류했습니다.

① 장수왕 ② 진흥왕
③ 무열왕 ④ 근초고왕
⑤ 광개토 대왕

교과 과정 5학년 2학기   **신유형**

2 다음 문화유산 카드의 빈 곳에 들어갈 내용으로 알맞은 것은 어느 것입니까? [4점] (   )

▲ 고구려의 무용총 접객도
(중국 지린성 지안현)

① 무령왕릉에 그려진 벽화이다.
② 백제의 무덤 양식을 알 수 있다.
③ 삼국 시대를 대표하는 금동불이다.
④ 고구려가 신분 사회였음을 보여 준다.
⑤ 신라의 불교문화를 알 수 있는 문화유산이다.

교과 과정 5학년 2학기

3 다음 지도를 보고 알 수 있는 내용으로 알맞지 <u>않은</u> 것은 어느 것입니까? [4점] (   )

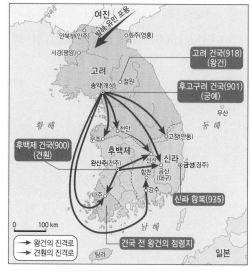

▲ 고려의 건국과 후삼국의 통일

① 왕건이 고려를 건국했다.
② 견훤이 후백제를 건국했다.
③ 신라가 후삼국을 통일했다.
④ 궁예가 후고구려를 건국했다.
⑤ 나라가 신라, 후백제, 후고구려로 나뉘었다.

교과 과정 5학년 2학기   **융합**

4 다음 □ 안에 들어갈 나라를 낱말 카드에서 찾아 쓰시오.
(조건, 두 글자를 합한 값이 9가 되어야 합니다.) [5점]

> 고려, 강화도로 천도하다
>
> 고려는 □□의 1차 침입으로 나라가 어려움에 처하자 강화도로 천도할 것을 결정했습니다.

일	거	몽	본	골
1	3	5	2	4

(   )

교과 과정 5학년 2학기

5 다음 코딩 명령어를 따라 내려갈 때 ㉠에 들어갈 알맞은 물건을 쓰시오. [5점]

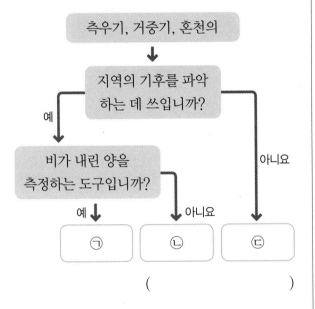

측우기, 거중기, 혼천의

↓

지역의 기후를 파악하는 데 쓰입니까?

예 ↓   아니요

비가 내린 양을 측정하는 도구입니까?

예 ↓   아니요   ↓

㉠   ㉡   ㉢

(　　　　　)

교과 과정 5학년 2학기

6 다음과 같은 생활을 했던 조선 시대의 신분은 무엇입니까? [4점] (　　　)

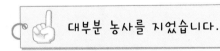
☝ 대부분 농사를 지었습니다.

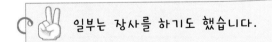
✌ 일부는 장사를 하기도 했습니다.

🖖 나라에 큰 공사가 있을 때에는 불려 가서 일을 하기도 했습니다.

① 양반   ② 중인
③ 상민   ④ 천민
⑤ 호족

교과 과정 5학년 2학기

7 다음 어린이가 인터뷰하고 있는 사람은 누구입니까? [4점] (　　　)

『목민심서』에 어떤 내용을 담으셨나요?

지방의 관리가 지켜야 할 내용을 담았습니다.

① 허균   ② 정약용
③ 장영실   ④ 이성계
⑤ 김정호

교과 과정 5학년 2학기

8 다음 ㉠에 들어갈 검색어로 알맞은 것은 어느 것입니까? [4점] (　　　)

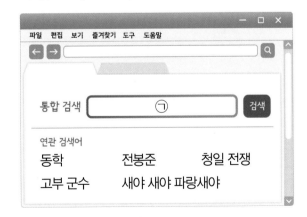

파일 편집 보기 즐겨찾기 도구 도움말

통합 검색 ㉠ 검색

연관 검색어
동학   전봉준   청일 전쟁
고부 군수   새야 새야 파랑새야

① 갑신정변   ② 신미양요
③ 을미사변   ④ 병인양요
⑤ 동학 농민 운동

창의

9 교과 과정 5학년 2학기

다음 일기의 □ 안에 공통으로 들어갈 사람은 누구입니까? [4점] (　　　　)

○○월 ○○일 ○요일	날씨 : 맑음 ☀
도산 □ 을/를 읽고	

평양에 대성 학교를 세워 한국인들의 실력 양성을 위해 노력했던 □ 은/는 미국 샌프란시스코에서 흥사단을 세워 한국인들의 실력을 양성하는 운동에 앞장섰다.

① 유관순　　　② 신돌석
③ 윤봉길　　　④ 안창호
⑤ 안중근

10 교과 과정 5학년 2학기

6·25 전쟁에 대해 바르게 말한 사람은 누구입니까? [4점] (　　　　)

① 1950년 6월 25일에 남한이 북한을 침략했어.

② 인천 상륙 작전으로 전쟁 상황이 북한에 유리하게 되었어.

③ 북한은 소련의 도움을 받아 무력으로 통일을 이루려고 했어.

④ 중국군의 참전으로 국군과 국제 연합군은 서울을 다시 찾을 수 있게 되었어.

⑤ 미군이 압록강을 넘어 전쟁에 개입하면서 국군과 국제 연합군은 후퇴했어.

11 교과 과정 5학년 2학기

다음 □ 안에 알맞은 사람을 쓰시오. [4점]

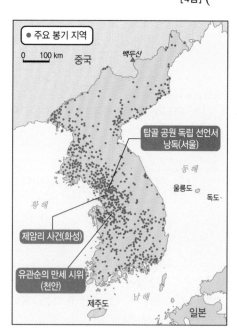

1948년 5월 10월에 □ 을/를 뽑는 첫 번째 민주 선거가 실시되었습니다.

▲ 1948년 5·10 총선거에 참여하는 유권자

(　　　　　　　)

12 교과 과정 5학년 2학기

다음 지도의 제목으로 알맞은 것은 어느 것입니까?
[4점] (　　　　)

● 주요 봉기 지역
0　100 km　중국　백두산
탑골 공원 독립 선언서 낭독(서울)
동해
울릉도
독도
황해
제암리 사건(화성)
유관순의 만세 시위(천안)
제주도
남해
일본

① 항일 의병 운동의 전개
② 3·1 운동이 일어난 지역
③ 대한민국 임시 정부의 이동 경로
④ 임진왜란 때 관군과 의병의 활약
⑤ 봉오동 전투와 청산리 대첩이 발생한 지역

13 교과 과정 6학년 1학기 다음 밑줄 친 부분에 들어갈 내용을 보기에서 알맞게 고른 것은 어느 것입니까? [4점] (   )

6·29 민주화 선언(1987년)

6·29 민주화 선언은 _____ 등의 내용을 담고 있어요.

보기
㉠ 대통령 간선제   ㉡ 유신 헌법 선포
㉢ 지방 자치제 시행   ㉣ 언론의 자유 보장

① ㉠, ㉡   ② ㉠, ㉢
③ ㉠, ㉣   ④ ㉡, ㉢
⑤ ㉢, ㉣

14 교과 과정 6학년 1학기 다음 그림과 관련 있는 민주 선거의 기본 원칙을 쓰시오. [5점]

기표소
○○ 선거 관리 위원회

선거일 기준으로 만 18세 이상의 국민이면 누구나 투표할 수 있어요.

(   )

15 교과 과정 6학년 1학기 다음 ☐ 안에 공통으로 들어갈 말은 어느 것입니까? [4점] (   )

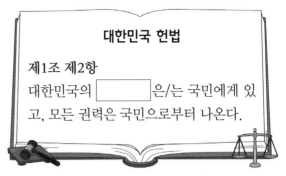

대한민국 헌법

제1조 제2항
대한민국의 ☐☐은/는 국민에게 있고, 모든 권력은 국민으로부터 나온다.

힌트
• 용어: ☐☐ (主權, sovereignty)
• 뜻: 나라의 중요한 일을 최종적으로 결정할 수 있는 최고의 권력을 일컬음.

① 자유   ② 존엄
③ 주권   ④ 의무
⑤ 책임

16 교과 과정 6학년 1학기 다음 밑줄 친 부분에 들어갈 내용으로 알맞지 않은 것은 어느 것입니까? [4점] (   )

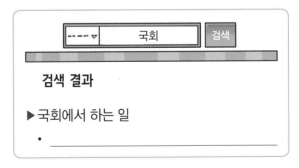

국회   검색

검색 결과

▶ 국회에서 하는 일
• _____

① 법을 만든다.
② 국정 감사를 한다.
③ 법을 고치거나 없앤다.
④ 법에 따라 재판을 한다.
⑤ 나라의 예산을 심의하여 확정한다.

[교과 과정] 6학년 1학기

17 다음 신문 기사를 읽고 이야기한 내용 중 ☐ 안에 들어갈 알맞은 말은 어느 것입니까? [4점] (   )

삼권 분립과 관련 있는 위 신문 기사에서는 ☐ 이/가 국회를 견제하는 사례를 다루고 있어요.

① 법원
② 정부
③ 시·도청
④ 시·도 의회
⑤ 헌법 재판소

[교과 과정] 6학년 1학기
신유형

18 다음 퀴즈의 정답으로 알맞은 낱말을 찾아 쓰시오.
[5점]

경제 활동의 주체 중 무엇일까요?

힌트 ①	힌트 ②	힌트 ③
가정 살림을 같이하는 생활 공동체예요.	생산 활동에 참여한 대가로 소득을 얻어요.	소득으로 필요한 물건을 구입해요.

기	외	주	정
업	세	가	치
원	금	계	산

(   )

[교과 과정] 6학년 1학기

19 다음 그림과 관련 있는 우리나라 경제의 특징으로 알맞은 것은 어느 것입니까? [4점] (   )

① 경쟁
② 규제
③ 독점
④ 자유
⑤ 통제

[교과 과정] 6학년 1학기

20 다음 질문에 대한 댓글로 알맞은 것은 어느 것입니까? [4점] (   )

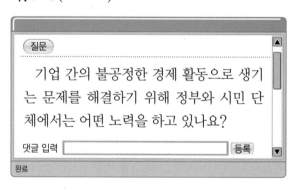

질문

기업 간의 불공정한 경제 활동으로 생기는 문제를 해결하기 위해 정부와 시민 단체에서는 어떤 노력을 하고 있나요?

댓글 입력 [   ] 등록
완료

① 공정 거래 위원회를 만든다.
② 허위·과장 광고를 허용한다.
③ 특정 기업만 물건을 만들게 한다.
④ 기업이 이윤을 얻지 못하도록 감시한다.
⑤ 기업끼리 가격을 마음대로 올릴 수 있게 한다.

교과 과정 6학년 1학기 신경향

21 우리나라의 경제 성장 과정을 나타낸 다음 연표의 ㉠에 들어갈 산업으로 알맞지 <u>않은</u> 것은 어느 것입니까? [4점] (   )

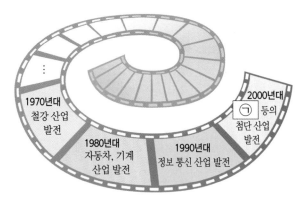

① 로봇 산업
② 생명 공학
③ 우주 항공
④ 신소재 산업
⑤ 식료품 공업

교과 과정 6학년 1학기

22 다음 뉴스 내용과 관련 있는 우리 사회의 문제점으로 알맞은 것은 어느 것입니까? [4점] (   )

① 저출산
② 노사 갈등
③ 빈부 격차
④ 자원 부족
⑤ 환경 오염

교과 과정 6학년 1학기

23 다음 그래프의 ㉠에 들어갈 품목으로 알맞은 것은 어느 것입니까? [4점] (   )

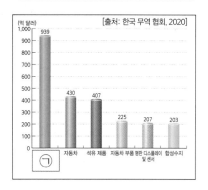

① 밀
② 원유
③ 석탄
④ 반도체
⑤ 천연가스

교과 과정 6학년 1학기

24 다음 밑줄 친 부분에 들어갈 말로 알맞지 <u>않은</u> 것은 어느 것입니까? [4점] (   )

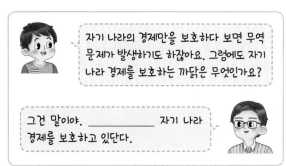

① 국민의 실업을 방지하려고
② 국가의 안정적 성장을 위해
③ 사회적 약자를 늘어나게 하려고
④ 경쟁력이 낮은 산업을 보호하려고
⑤ 다른 나라의 불공정 거래에 대응하려고

쉬어가기

지레의 원리가 도구마다 다르다고요?

지레는 받침점이 가운데에 있는 1종 지레, 받침점과 힘점 사이에 작용점이 있는 2종 지레, 받침점에서 작용점까지의 길이가 받침점에서 힘점 사이의 길이보다 긴 3종 지레로 나눌 수 있어요. 1종 지레는 힘점에 힘을 주는 방향과 물체에 힘이 작용하는 방향이 반대이며, 가위가 여기에 해당해요. 2종 지레인 병따개는 맨 끝부분이 받침점이고, 병뚜껑을 들어 올리는 부분이 작용점, 손잡이 부분이 힘점이에요. 3종 지레인 핀셋은 물건을 집는 부분이 작용점, 손가락으로 잡는 부분이 힘점, 맨 끝이 받침점이에요.

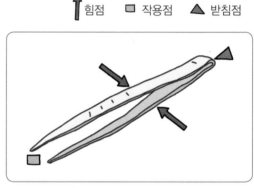
힘점 　□ 작용점 　▲ 받침점

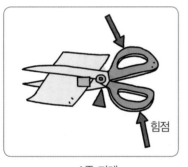

힘점
▲ 1종 지레

▲ 2종 지레

▲ 3종 지레

사다리는 왜 비스듬히 세울까요?

사다리차로 이삿짐 옮기는 것을 본 적이 있나요? 사다리에는 빗면의 원리가 숨어 있어요. 물체를 직접 위로 들어 올리는 것보다 빗면을 이용하는 것이 힘이 한결 적게 들어요. 빗면이 물체의 무게를 부분적으로 받쳐 주기 때문이에요. 그 대신 직접 위로 들어 올리는 것보다 더 긴 거리를 움직여야 해요. 빗면의 기울기가 완만할수록 힘이 더 적게 들지요. 사다리의 빗면은 무거운 이삿짐을 옮길 때 큰 도움이 된답니다.

사다리차로 이삿짐을 옮기는 모습

국가수준
학업성취도 평가

과학

초등 6학년

학습 및 출제 범위

5학년 2학기 ~ 6학년 1학기

과학특강 교과서 용어 파일

01 생태계

어떤 장소에서 서로 영향을 주고받는 생물 요소와 비생물 요소

▲ 연못 생태계의 생물 요소와 비생물 요소

보기1 생태계의 종류는 연못 생태계, 숲 **❶**[   ] 등 다양하다.

보기2 생태계는 살아 있는 **❷**[   ] 요소와 살아 있지 않은 비생물 요소로 구성되어 있다.

답 ❶ 생태계 ❷ 생물

02 적응

특정한 서식지에서 오랜 기간에 걸쳐 살아남기에 유리한 특징이 자손에게 전달되는 것

▲ 생김새를 통해 환경에 적응된 생물

▲ 생활 방식을 통해 환경에 적응된 생물

보기1 밤송이는 **❶**[   ]를 통해 적에게서 밤을 보호하기 유리하게 적응되었다.

보기2 사막, 북극 등의 **❷**[   ]에 적응된 여우들은 서식지 환경과 비슷한 색깔의 털을 가진다.

답 ❶ 가시 ❷ 환경

03 응결

이슬, 안개 등이 생겨나는 원리로, 공기 중 수증기가 물방울로 변하는 현상

▲ 수증기가 응결해 나뭇가지나 풀잎 등에 맺힌 이슬

▲ 수증기가 응결해 작은 물방울로 떠 있는 안개

보기1 맑은 날 아침 **❶**[   ]가 응결해 풀잎에 이슬이 맺혔다.

보기2 차가운 음료수가 담긴 컵 표면에 물방울이 생기는 것은 **❷**[   ] 현상이다.

답 ❶ 수증기 ❷ 응결

04 바람

어느 두 지점 사이에 기압 차가 생기면 공기는 고기압에서 저기압으로 이동하는데, 이와 같이 기압 차로 공기가 이동하는 것

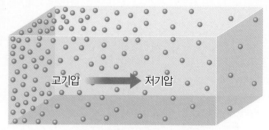

고기압 → 저기압

▲ 기압 차에 의한 공기의 이동

보기1 바닷가에서 낮과 밤에 부는 바람의 방향은 **❶**[   ].

보기2 바닷가에서 낮에는 바다에서 **❷**[   ]로 바람이 분다.

답 ❶ 다르다 ❷ 육지

과학 특강 교과서 용어 파일

05 물체의 운동

시간이 지남에 따라 물체의 위치가 변하는 것

보기1 달리는 자전거는 시간이 지남에 따라 ❶ [　　] 가 변하므로 운동하는 물체이다.

보기2 물체의 운동은 이동하는 데 걸린 시간과 이동 ❷ [　　] 로 나타낼 수 있다.

답 ❶ 위치 ❷ 거리

06 물체의 빠르기

물체가 이동할 때 시간이 지남에 따라 물체의 위치가 변하는 정도

▲ 빠르기가 변하는 운동을 하는 롤러코스터

▲ 빠르기가 일정한 운동을 하는 자동계단

보기1 롤러코스터는 내리막길에서 빠르기가 점점 ❶ [　　] 진다.

보기2 자동계단은 위층이나 아래층으로 이동하는 동안 빠르기가 ❷ [　　] 운동을 한다.

답 ❶ 예 빨라 ❷ 예 일정한

과학 용어 파일

07 산성 용액

푸른색 리트머스 종이를 붉게 변화시키고, 달걀 껍데기나 대리석 조각을 녹이는 성질이 있는 용액

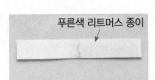
푸른색 리트머스 종이

묽은 염산+달걀 껍데기

▲ 푸른색 리트머스 종이가 붉게 변함.

▲ 달걀 껍데기를 녹임.

보기1 식초나 레몬즙에 ❶ [　　] 리트머스 종이를 대면 붉게 변한다.

보기2 산성 용액에 대리석 조각을 넣으면 ❷ [　　] 가 발생하며 녹는다.

답 ❶ 푸른색 ❷ 기포

08 염기성 용액

붉은색 리트머스 종이를 푸르게 변화시키고, 삶은 달걀 흰자나 두부를 녹이는 성질이 있는 용액

붉은색 리트머스 종이

묽은 수산화 나트륨 용액 +두부

▲ 붉은색 리트머스 종이가 푸르게 변함.

▲ 두부를 녹임.

보기1 석회수나 빨랫비누 물에 ❶ [　　] 리트머스 종이를 대면 푸르게 변한다.

보기2 염기성 용액에 삶은 달걀 흰자를 넣으면 녹아서 ❷ [　　] 해진다.

답 ❶ 붉은색 ❷ 예 흐물흐물

과학특강 교과서 용어 파일

09 지구의 자전

지구가 자전축을 중심으로 하루에 한 바퀴씩 서쪽에서 동쪽으로 회전하는 것

▲ 지구의 자전

보기1 하루 동안 태양과 달의 위치가 달라지는 것처럼 보이는 까닭은 지구가 ❶ ☐ 하기 때문이다.

보기2 지구가 자전하면서 태양 빛을 받는 쪽은 ❷ ☐ 이 된다.

답 ❶ 자전 ❷ 낮

10 지구의 공전

지구가 태양을 중심으로 일 년에 한 바퀴씩 서쪽에서 동쪽(시계 반대 방향)으로 회전하는 것

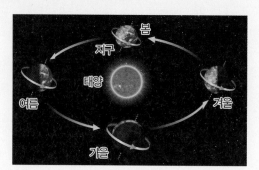

▲ 지구의 공전

보기1 지구는 자전하면서 동시에 ❶ ☐ 을 중심으로 공전한다.

보기2 지구가 태양 주위를 ❷ ☐ 하기 때문에 밤에 보이는 별자리가 달라진다.

답 ❶ 태양 ❷ 공전

11 압력

어떤 물체가 다른 물체를 누르거나 미는 힘

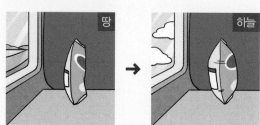

▲ 땅과 하늘의 비행기에서 일어나는 과자 봉지의 부피 변화

보기1 기체에 압력을 세게 가하면 기체의 ❶ ☐ 가 많이 작아진다.

보기2 땅보다 하늘에서 압력이 더 ❷ ☐ 때문에 과자 봉지는 땅에서보다 하늘에서 더 부푼다.

답 ❶ 부피 ❷ 낮기

12 부피

물건이나 입체가 차지하는 공간의 크기

▲ 뜨거운 음식을 포장하면 기체의 부피가 커져 비닐 랩이 부풀어 오름.

▲ 음식이 식으면 기체의 부피가 작아져 비닐 랩이 오목하게 들어감.

보기1 온도가 높아지면 기체의 부피는 ❶ ☐ 진다.

보기2 물이 조금 담긴 페트병의 마개를 막고 냉장고에 넣어 두면 기체의 부피가 ❷ ☐ 져서 페트병이 찌그러진다.

답 ❶ 커 ❷ 작아

과학 특강 교과서 용어 파일

13 세포막

세포 안과 밖을 드나드는 물질의 출입을 조절해 주는 막

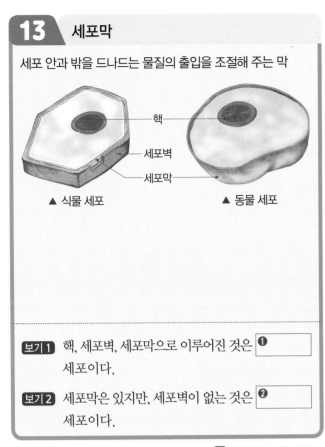

▲ 식물 세포   ▲ 동물 세포

보기1 핵, 세포벽, 세포막으로 이루어진 것은 ❶[   ]
세포이다.

보기2 세포막은 있지만, 세포벽이 없는 것은 ❷[   ]
세포이다.

답 ❶ 식물 ❷ 동물

14 광합성

식물이 빛과 이산화 탄소, 뿌리에서 흡수한 물을 이용하여
스스로 양분을 만드는 것

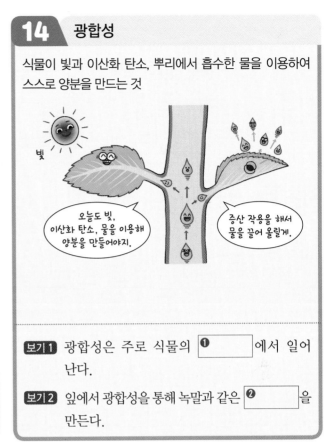

빛

오늘도 빛,
이산화 탄소, 물을 이용해
양분을 만들어야지.

증산 작용을 해서
물을 끌어 올릴게.

보기1 광합성은 주로 식물의 ❶[   ]에서 일어
난다.

보기2 잎에서 광합성을 통해 녹말과 같은 ❷[   ]을
만든다.

답 ❶ 잎 ❷ 양분

15 빛의 굴절

서로 다른 물질의 경계에서 빛이 꺾여 나아가는 현상

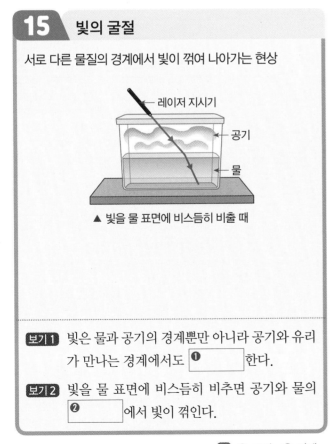

레이저 지시기

공기

물

▲ 빛을 물 표면에 비스듬히 비출 때

보기1 빛은 물과 공기의 경계뿐만 아니라 공기와 유리
가 만나는 경계에서도 ❶[   ]한다.

보기2 빛을 물 표면에 비스듬히 비추면 공기와 물의
❷[   ]에서 빛이 꺾인다.

답 ❶ 굴절 ❷ 경계

16 볼록 렌즈

가운데 부분이 가장자리보다 두꺼운 렌즈

볼록   볼록

볼록   평면

▲ 양면 볼록 렌즈   ▲ 평면 볼록 렌즈

볼록 렌즈

눈을 대고
보는 곳

▲ 볼록 렌즈를 이용한 간이 사진기

보기1 가운데 부분이 가장자리보다 ❶[   ]렌즈를
볼록 렌즈라고 한다.

보기2 간이 사진기의 ❷[   ]렌즈가 빛을 굴절시켜
물체의 상하좌우가 다른 모습을 만든다.

답 ❶ 두꺼운 ❷ 볼록

과학 1강   개념 총정리   5-2

▶ 범위 2~5단원

개념 1 생태계에서 생물과 먹이 관계

먹이 사슬	먹이 그물
생물의 먹이 관계가 ❶ [ ] 처럼 연결되어 있는 것	여러 개의 ❷ [ ] 이/가 얽혀 그물처럼 연결되어 있는 것

> **보기**
> ☑ 먹이 사슬과 먹이 그물은 생물들의 먹고 먹히는 관계를 잘 보여줍니다.
> ☑ 먹이 그물에서 어느 한 종류의 먹이가 부족해 지더라도 다른 먹이를 먹고 살 수 있으므로 먹이 그물이 먹이 사슬보다 여러 생물들이 함께 살아가기에 유리합니다.

답 | ❶ 사슬 ❷ 먹이 사슬

개념 2 비생물 요소가 생물에 미치는 영향

온도	• 동물의 털갈이, 철새의 이동 등에 영향을 줌. • 식물의 잎에 단풍이 들고 낙엽이 지는 데 영향을 줌.
햇빛	햇빛을 받은 콩나물은 떡잎의 색깔이 ❶ [ ] 색이고, 햇빛을 받지 못한 콩나물은 떡잎의 색깔이 노란색임.
물	생물이 생명을 ❷ [ ] 하는 데 반드시 필요함.

> **보기**
> ☑ 온도, 햇빛, 물 등은 살아 있지 않은 비생물 요소로 생물 요소와 영향을 주고받습니다.
> ☑ **햇빛이 식물에 미치는 영향**
> ≫ 식물은 햇빛 등을 이용하여 양분을 스스로 만듭니다.

 벼
 옥수수

답 | ❶ 초록 ❷ 유지

개념 3 이슬과 안개, 구름

이슬	차가워진 풀잎 표면 등에 수증기가 ❶ [ ] 해 물방울로 맺히는 것
안개	지표면 근처의 공기가 차가워지면 공기 중 수증기가 응결해 작은 물방울로 떠 있는 것
구름	공기가 지표면에서 하늘로 올라가면서 ❷ [ ] 가 응결해 물방울이 되거나 얼음 알갱이로 하늘에 떠 있는 것

(공통점) 공기 중 수증기가 응결해 나타나는 현상임.

> **보기**
> ☑ 이슬과 안개, 구름은 우리 주변에서 흔히 볼 수 있는 응결 현상입니다.
> ☑ **구름에서 비나 눈이 내리는 과정**

비   눈

> ≫ 작은 물방울이나 얼음 알갱이가 합쳐지면서 무거워져 떨어질 때 기온에 따라 눈이나 비가 됨.

답 | ❶ 응결 ❷ 수증기

확인 1-1

다음 생물의 먹이 관계에 대한 설명에 맞게 ( ) 안의 알맞은 말에 ○표를 하시오.

(1) 생물의 먹이 관계가 사슬처럼 연결되어 있는 것을 (먹이 사슬 / 그물)이라고 합니다.

(2) 여러 개의 먹이 사슬이 얽혀 그물처럼 연결되어 있는 것을 (사슬 / 먹이 그물)이라고 합니다.

> 풀이 | 먹이 사슬은 생물의 먹이 관계가 ❶ 처럼 연결되어 있는 것이고, 먹이 ❷ 은 여러 개의 먹이 사슬이 얽혀 그물처럼 연결되어 있는 것입니다.
>
> 답 | ❶ 사슬 ❷ 그물

1-2 다음 중 실제 생태계에서 생물들이 맺고 있는 먹이 관계의 형태는 어느 것인지 골라 기호를 쓰시오.

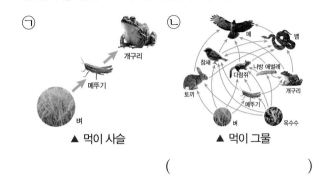

▲ 먹이 사슬   ▲ 먹이 그물

( )

확인 2-1

다음은 비생물 요소가 생물에 미치는 영향입니다. ㉠, ㉡에 들어갈 알맞은 비생물 요소를 각각 쓰시오.

> 동물의 털갈이, 철새의 이동 등에 영향을 주는 것은 ㉠ (이)고, 식물이 양분을 만들고 동물이 물체를 보는 데 필요한 것은 ㉡ 입니다.

㉠ ( )

㉡ ( )

> 풀이 | 온도, 햇빛, 공기 등은 살아 있지 않은 ❶ 요소로, ❷ 요소와 서로 영향을 주고받습니다.
>
> 답 | ❶ 비생물 ❷ 생물

2-2 다음 콩나물의 자람에 미치는 영향에 대한 설명에 맞게 ㉠, ㉡에 들어갈 알맞은 말을 각각 쓰시오.

> 콩나물이 ㉠ 을/를 받으면 떡잎이 초록색이 되고, ㉡ 을/를 준 콩나물은 길쭉하게 자랍니다.

㉠ ( )

㉡ ( )

확인 3-1

다음 이슬과 안개, 구름에 대한 설명에 맞게 □ 안에 들어갈 알맞은 말을 쓰시오.

> 이슬과 안개, 구름은 모두 공기 중 수증기가 □ 해 나타나는 현상입니다.

( )

> 풀이 | 구름은 공기 중의 ❶ 가 높은 하늘에서 응결해 ❷ 이 되거나 얼음 알갱이 상태로 변해 하늘에 떠 있는 것입니다.
>
> 답 | ❶ 수증기 ❷ 물방울

3-2 다음은 구름이 생성되는 과정에 대한 설명입니다. □ 안에 들어갈 알맞은 말을 보기에서 골라 각각 쓰시오.

> 보기
>
> 커   작아   높아   낮아   응결   증발

(1) 지표면에서 공기가 하늘로 올라가면 온도가 점점 □ 집니다.

(2) 수증기가 □ 해 물방울이나 얼음 알갱이 상태로 하늘에 떠 있는 것이 구름입니다.

과학

개념 4 물체의 빠르기를 비교하는 방법

① 일정한 거리를 이동한 물체의 빠르기 비교: 물체가 이동하는 데 걸린 [❶   ]으로 비교합니다.

② 일정한 시간 동안 이동한 물체의 빠르기 비교: 물체가 이동한 [❷   ]로 비교합니다.

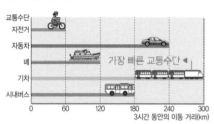

답 | ❶ 시간 ❷ 거리

보기

✓ 수영, 마라톤 등의 경기에서 일정한 거리를 이동하는 데 짧은 시간이 걸릴수록 더 빠른 선수입니다.

✓ 교통 수단은 일정한 시간 동안 긴 거리를 이동할수록 더 빠른 것입니다.

개념 5 물체의 속력

① 속력: 1초, 1분, 1시간 등과 같은 단위 시간 동안 물체가 이동한 [❶   ]를 말합니다.

② 속력을 구하는 방법: 물체가 이동한 거리를 걸린 [❷   ]으로 나누어 구합니다.

(속력) = (이동 거리) ÷ (걸린 시간)

답 | ❶ 거리 ❷ 시간

보기

✓ 속력이 큰 물체가 더 빠릅니다.

✓ **속력 구하는 방법**

240 km

240 km ÷ 3 h = 80 km/h

》 3시간 동안 240 km를 이동한 자동차의 속력은 240 km ÷ 3 h = 80 km/h입니다.

개념 6 지시약으로 산성 용액과 염기성 용액 분류하기

지시약	산성 용액	염기성 용액
리트머스 종이	푸른색 → 붉은색	붉은색 → ❶ 색
페놀프탈레인 용액	변화가 없음.	붉은색
자주색 양배추 지시약	❷ 색 계열	푸른색이나 노란색 계열

답 | ❶ 푸른 ❷ 붉은

보기

✓ 묽은 염산은 산성 용액, 묽은 수산화 나트륨 용액은 염기성 용액으로 분류합니다.

✓ **산성 용액과 염기성 용액의 종류**

산성 용액	염기성 용액
식초, 레몬즙, 사이다, 묽은 염산 등	빨랫비누 물, 석회수, 묽은 수산화 나트륨 용액 등

확인 4-1

일정한 거리를 이동한 선수의 빠르기에 대한 설명에 맞게 ( ) 안의 알맞은 말에 ○표 하시오.

> 수영 경기에서 결승선에 (먼저 / 나중에) 도착한 선수는 (먼저 / 나중에) 도착한 선수보다 일정한 거리를 이동하는 데 걸린 시간이 더 짧습니다.

풀이 | 일정한 ❶□ 를 이동하는 데 짧은 시간이 걸린 물체가 긴 시간이 걸린 물체보다 더 ❷□ .

답 | ❶ 거리 ❷ 예 빠릅니다

4-2 일정한 거리와 시간 동안 이동한 물체의 빠르기에 대한 설명에 맞게 ( ) 안의 알맞은 말에 ○표 하시오.

(1) 일정한 거리를 이동한 물체의 빠르기는 물체가 이동하는 데 (걸린 시간 / 이동 거리)(으)로 비교합니다.

(2) 일정한 시간 동안 긴 거리를 이동한 물체가 짧은 거리를 이동한 물체보다 더 (느립니다 / 빠릅니다).

확인 5-1

다음 중 물체의 속력에 대한 설명으로 옳은 것은 어느 것입니까? ( )

① 속력이 작은 물체가 더 빠르다.

② 속력은 단위 시간 동안 물체가 이동한 거리를 말한다.

풀이 | 속력은 단위 시간 동안 물체가 이동한 ❶□ 를 말하며, 속력이 ❷□ 물체가 더 빠릅니다.

답 | ❶ 거리 ❷ 큰

5-2 다음 보기 에서 속력을 나타내는 방법에 대한 설명으로 옳은 것을 골라 기호를 쓰시오.

> 보기
>
> ㉠ 80km/h는 1시간 동안 80km를 이동한 물체의 속력을 나타냅니다.
>
> ㉡ 속력은 물체가 이동한 거리와 걸린 시간을 곱하여 구합니다.

( )

확인 6-1

리트머스 종이에 용액을 떨어뜨렸을 때 리트머스 종이의 색깔 변화에 맞게 ( ) 안의 알맞은 말에 ○표 하시오.

(1) 빨랫비누 물을 붉은색 리트머스 종이에 떨어뜨렸습니다. (붉은색 / 푸른색)

(2) 사이다를 푸른색 리트머스 종이에 떨어뜨렸습니다. (붉은색 / 푸른색)

풀이 | 산성 용액은 ❶□ 리트머스 종이를 붉은색으로 변화시키고, ❷□ 용액은 붉은색 리트머스 종이를 푸른색으로 변화시킵니다.

답 | ❶ 푸른색 ❷ 염기성

6-2 다음 용액에 페놀프탈레인 용액을 떨어뜨렸을 때의 색깔 변화에 맞게 줄로 바르게 이으시오.

(1) 묽은 염산 • • ㉠ 붉은색으로 변함.

(2) 묽은 수산화 나트륨 용액 • • ㉡ 변하지 않음.

과학 • 103

체크 1-1 생물 요소 분류하기

다음의 분류 기준으로 생물 요소를 분류할 때 같은 무리에 속하지 <u>않는</u> 것은 어느 것입니까? (   )

> **분류 기준** 다른 생물을 먹이로 하여 양분을 얻는가?

① 벼
② 개미
③ 참새
④ 개구리

도움말
식물처럼 양분을 스스로 만드는 생물은 생산자, 동물처럼 먹이를 먹는 생물은 소비자라고 합니다.

1-2

다음은 생물 요소를 양분을 얻는 방법에 따라 생산자, 소비자, 분해자로 분류한 것입니다. ㉠과 ㉡에 들어갈 알맞은 말을 각각 쓰시오.

㉠	㉡	분해자
필요한 양분을 스스로 만드는 생물	다른 생물을 먹이로 하여 살아 가는 생물	죽은 생물이나 배출물을 분해 하여 양분을 얻 는 생물

㉠ (   ) ㉡ (   )

체크 2-1 생태 피라미드

먹이 단계에 따라 생물의 수와 양을 피라미드의 형태로 표현한 것을 무엇이라고 합니까? (   )

① 먹이 그물
② 먹이 사슬
③ 생태 피라미드

도움말
생태 피라미드는 피라미드 형태입니다.

2-2

오른쪽 생태 피라미드에서 1차 소비자의 수가 갑자기 늘어났을 때 일시적인 변화로 옳은 것은 어느 것입니까? (   )

1차 소비자

① 생태계 평형을 유지한다.
② 생산자의 수나 양이 줄어든다.
③ 2차 소비자의 수나 양이 줄어든다.

체크 3-1 해풍과 육풍

다음 바닷가에서 낮과 밤에 부는 바람의 방향을 골라 기호를 쓰시오.

(   ) (   )

도움말
낮에는 바다에서 육지로, 밤에는 육지에서 바다로 바람이 붑니다.

3-2

다음은 낮의 바닷가의 모습입니다. 이때 온도와 바람에 대한 설명으로 옳지 <u>않은</u> 것은 어느 것입니까? (   )

① 육지가 바다보다 빨리 데워진다.
② 이때 부는 바람을 해풍이라고 한다.
③ 육지 위가 고기압, 바다 위가 저기압이 된다.
④ 육지 위의 공기가 바다 위의 공기보다 온도가 높다.

체크 4-1 속력과 관련된 안전장치

다음 중 자동차의 속력을 줄이도록 하여 사고를 막는 안전장치는 어느 것입니까? (   )

▲ 안전띠   ▲ 도로 방음벽   ▲ 과속 방지 턱

도움말

도로에 과속 방지 턱을 설치하여 달리는 자동차의 속력을 줄입니다.

4-2

다음 중 속력과 관련된 안전장치가 설치된 곳이 나머지와 다른 하나를 골라 기호를 쓰시오.

▲ 에어백   ▲ 어린이 보호 구역   ▲ 안전띠
                   표지판

(   )

체크 5-1 산성 용액과 염기성 용액을 섞을 때 변화

다음 중 묽은 염산이 들어 있는 삼각 플라스크에 묽은 수산화 나트륨 용액을 점점 많이 넣을 때에 대한 설명을 옳게 말한 친구는 누구입니까? (   )

① 가영: 염기성이 점점 약해져.
② 나영: 산성이 점점 약해지지.
③ 다영: 산성이 점점 강해지는 거야.

도움말

묽은 염산은 산성 용액이고 묽은 수산화 나트륨 용액은 염기성 용액입니다.

5-2

20 mL의 묽은 수산화 나트륨 용액에 묽은 염산을 5 mL씩 여섯 번 넣었습니다. 염기성이 가장 약한 경우는 묽은 염산을 몇 번 넣었을 때입니까? (   )

① 0번   ② 2번   ③ 4번   ④ 6번

체크 6-1 생활 속 산성 용액과 염기성 용액의 이용

오른쪽은 우리 생활에서 산성 용액과 염기성 용액 중 어떤 용액을 이용한 예인지 쓰시오.

▲ 생선을 손질한 도마를 식초로 닦아 내기

(   ) 용액

도움말

생선을 손질한 도마를 산성 용액인 식초로 닦아 냅니다.

6-2

다음 중 우리 생활에서 염기성 용액을 이용한 예가 <u>아닌</u> 것은 어느 것입니까? (   )

▲ 속 쓰릴 때 제산제   ▲ 표백제로 욕실 청소   ▲ 생선을 손질한 도마를
먹기   하기   식초로 닦아 내기

▶ 범위 2~3단원

개념 1 지구의 자전

○ **지구의 자전:** 지구가 **❶**〔　　　〕을 중심으로 하루에 한 바퀴씩 서쪽에서 동쪽(시계 반대 방향)으로 회전하는 것

○ **지구가 자전하기 때문에 나타나는 현상**

① 낮과 **❷**〔　　　〕이 생깁니다.

② 하루 동안 태양, 달, 별이 움직이는 것처럼 보입니다.

답 | ❶ 자전축 **❷** 밤

보기

☑ 지구의 자전으로 지구에서 태양을 향하는 쪽은 낮이 되고, 반대쪽은 밤이 됩니다.

☑ **하루 동안 일어나는 태양의 위치 변화**

≫ 동쪽 하늘 ➡ 남쪽 하늘 ➡ 서쪽 하늘

개념 2 지구의 공전

○ **지구의 공전:** 지구가 태양을 중심으로 **❶**〔　　　〕에 한 바퀴씩 서쪽에서 동쪽(시계 반대 방향)으로 회전하는 것

○ **지구가 공전하기 때문에 나타나는 현상**

① 계절에 따라 지구의 위치가 달라집니다.

② 계절에 따라 보이는 **❷**〔　　　〕가 달라집니다.

답 | ❶ 일년 **❷** 별자리

보기

☑ 지구는 공전하는 동안 자전을 멈추지 않습니다.

☑ **계절에 따라 보이는 별자리**

≫ 지구가 태양 주위를 공전하기 때문에 계절에 따라 지구의 위치가 달라지고, 지구의 위치에 따라 밤에 보이는 별자리가 달라집니다.

개념 3 여러 날 동안 달의 모양과 위치 변화

달의 모양 변화	약 30일을 주기로 초승달, 상현달, **❶**〔　　　〕, 하현달, 그믐달 순서로 변함.
	 초승달 → 상현달 → 보름달 → 하현달 → 그믐달
달의 위치 변화	여러 날 동안 같은 시각에 달을 관측하면 달은 서쪽에서 **❷**〔　　　〕으로 날마다 조금씩 위치를 옮겨 가면서 그 모양도 달라짐.

답 | ❶ 보름달 **❷** 동쪽

보기

☑ **달의 모양 변화:** 둥근 공 모양이었던 보름달은 크기가 점점 작아지면서 하현달이 됩니다.

☑ **같은 장소에서 저녁 7시에 달을 관측한 결과**

≫ 초승달은 서쪽 하늘, 상현달은 남쪽 하늘, 보름달은 동쪽 하늘에서 보입니다.

개념 확인

확인 1-1

지구의 자전에 대한 설명에 맞게 □ 안에 들어갈 알맞은 말을 보기에서 골라 쓰시오.

┌ 보기 ┐

북쪽　　동쪽　　태양　　자전축

(1) 지구는 [　　　　]을 중심으로 자전합니다.

(2) 지구는 서쪽에서 [　　　　](시계 반대 방향)으로 자전합니다.

풀이 | 지구는 ❶[　　　]을 중심으로 ❷[　　　]에 한 바퀴씩 서쪽에서 동쪽(시계 반대 방향)으로 자전합니다.

답 | ❶ 자전축 ❷ 하루

1-2

오른쪽은 지구의 자전을 나타내는 그림입니다. ( ) 안의 알맞은 말에 ○표를 하시오.

(1) ㉠에 들어갈 방위는 (동 / 서)입니다.

(2) ㉡에 들어갈 방위는 (동 / 서)입니다.

(3) ㉢은 (적도 / 자전축)을/를 나타냅니다.

확인 2-1

다음은 지구의 운동에 대한 설명입니다. ( ) 안의 알맞은 말에 ○표를 하시오.

(1) 지구는 (하루 / 일 년)에 한 바퀴씩 공전합니다.

(2) 지구가 한 번 (자전 / 공전)하는 동안 약 365번 (자전 / 공전)하게 됩니다.

풀이 | 지구의 자전 주기는 ❶[　　　], 공전 주기는 ❷[　　　]입니다.

답 | ❶ 하루 ❷ 일 년

2-2

다음을 지구의 운동으로 나타나는 현상에 맞게 줄로 바르게 이으시오.

(1) | 지구의 자전 | • 　　　• ㉠ | 계절에 따라 보이는 별자리가 달라짐. |

(2) | 지구의 공전 | • 　　　• ㉡ | 하루 동안 태양이 움직이는 것처럼 보임. |

확인 3-1

다음 달의 모양에 맞게 줄로 바르게 이으시오.

(1) | 보름달 | • 　　　• ㉠ | 반달 모양 |

(2) | 상현달 | • 　　　• ㉡ | 둥근 공 모양 |

풀이 | 여러 날 동안 달은 초승달에서 점점 커져 ❶[　　　]이 되고, 상현달에서 점점 커져 ❷[　　　]이 됩니다.

답 | ❶ 상현달 ❷ 보름달

3-2

여러 날 동안 달의 모양 변화에 대한 설명에 맞게 ( ) 안의 알맞은 말에 ○표를 하시오.

(1) 여러 날 동안 달은 약 (10 / 30)일을 주기로 모양이 변합니다.

(2) 여러 날 동안 달은 초승달, (하현달 / 상현달), 보름달, (하현달 / 상현달), 그믐달 순서로 모양이 변합니다.

과학

개념 4 기체의 성질과 이용

기체	산소	이산화 탄소
성질	스스로 타지 않지만, 다른 물질이 타는 것을 도움.  향불 ▲ 향불의 불꽃이 ❶ [ ].	석회수를 ❷ [ ] 하고, 향불을 넣으면 불꽃이 꺼짐. 석회수 ▲ 석회수가 뿌옇게 흐려짐.
이용	잠수부의 압축 공기통 등에 이용됨.	드라이아이스나 소화기 등에 이용됨.

답 | ❶ 예 커짐 ❷ 예 뿌옇게

보기

✓ 산소는 금속을 자르거나 붙일 때, 호흡 장치 등에 이용됩니다.

▲ 금속을 자르 거나 붙일 때   ▲ 압축 공기통   ▲ 산소호흡장치

✓ 이산화 탄소는 드라이아이스, 소화기, 탄산 음료의 재료 등에 이용됩니다.

▲ 드라이아이스   ▲ 소화기   ▲ 탄산음료

개념 5 압력 변화에 따른 기체의 부피 변화

압력을 약하게 가하면 기체의 부피는 ❶ [   ] 작아지고, 압력을 세게 가하면 기체의 부피는 ❷ [   ] 작아짐.

공기

▲ 피스톤을 약하게 누를 때 – 피스톤이 조금 들어감.

공기

▲ 피스톤을 세게 누를 때 – 피스톤이 많이 들어감.

답 | ❶ 예 조금 ❷ 예 많이

보기

✓ 잠수부가 물속에서 내뿜은 공기 방울은 물 표면으로 올라올수록 크기가 커집니다.

≫ 물 표면으로 올라올수록 주위의 압력이 낮아져 기체의 부피가 커지기 때문입니다.

개념 6 온도 변화에 따른 기체의 부피 변화

온도가 높아지면 기체의 부피는 ❶ [   ] 지고, 온도가 낮아지면 기체의 부피는 ❷ [   ].

▲ 뜨거운 물에 넣었을 때 – 고무풍선이 부풀어 오름.

▲ 얼음물에 넣었을 때 – 고무풍선이 오그라듦.

답 | ❶ 예 커 ❷ 예 작아짐

보기

✓ 물이 조금 담긴 페트병의 마개를 막고 냉장고에 넣으면 페트병이 찌그러집니다.

실온   냉장고

≫ 온도가 낮아지면 기체의 부피가 작아지기 때문입니다.

확인 4-1

다음의 기체에 향불을 넣었을 때의 결과에 맞게 줄로 바르게 이으시오.

(1) 산소 •   • ㉠ 향불이 꺼짐.

(2) 이산화 탄소 • • ㉡ 향불이 커짐.

풀이 | 물질이 타는 것을 돕는 성질이 있는 기체는 ❶ [   ] 이고, 물질이 타는 것을 막는 성질이 있는 기체는 ❷ [   ] 입니다.

답 | ❶산소 ❷이산화 탄소

4-2 다음은 기체의 성질을 알아보는 실험에 대한 설명입니다. ( ) 안의 알맞은 말에 ○표를 하시오.

(1) 산소는 스스로 (잘 타고 / 타지 않지만), 다른 물질이 타는 것을 돕습니다.

(2) 이산화 탄소는 물질이 타는 것을 (돕는 / 막는) 성질이 있습니다.

(3) 이산화 탄소는 (식초 / 석회수)를 뿌옇게 만드는 성질이 있습니다.

확인 5-1

오른쪽과 같이 공기를 넣은 주사기의 입구를 손가락으로 막고 피스톤을 누르면 피스톤이 움직이는 까닭에 맞게 ( ) 안의 알맞은 말에 ○표를 하시오.

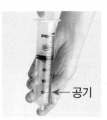
← 공기

주사기 속 공기의 부피가 (작아지기 / 늘어나기) 때문입니다.

풀이 | 공기를 넣은 주사기의 입구를 막고 피스톤을 누르면 주사기 속 공기의 ❶ [   ] 가 ❷ [   ] 집니다.

답 | ❶부피 ❷예 작아

5-2 주사기에 공기를 넣고 입구를 막은 다음 피스톤을 눌렀을 때 기체의 부피 변화에 맞게 줄로 바르게 이으시오.

(1) 피스톤을 세게 누를 때 • • ㉠ 기체의 부피가 조금 작아짐.

(2) 피스톤을 약하게 누를 때 • • ㉡ 기체의 부피가 많이 작아짐.

확인 6-1

온도 변화에 따른 기체의 부피 변화에 대한 설명에 맞게 ( ) 안의 알맞은 말에 ○표를 하시오.

고무풍선을 씌운 삼각 플라스크를 (얼음 / 뜨거운) 물에 넣으면 고무풍선이 오그라듭니다.

풀이 | 온도가 ❶ [   ] 지면 기체의 부피가 ❷ [   ] 지므로 고무풍선이 오그라듭니다.

답 | ❶낮아 ❷예 작아

6-2 고무풍선을 씌운 삼각 플라스크를 뜨거운 물과 얼음물에 각각 넣었을 때 고무풍선의 변화로 옳은 것을 보기 에서 골라 기호를 쓰시오.

┌ 보기 ├
㉠ 삼각 플라스크를 뜨거운 물이 든 비커에 넣으면 고무풍선이 부풀어 오릅니다.
㉡ 삼각 플라스크를 얼음물이 든 비커에 넣으면 고무풍선이 부풀어 오릅니다.

( )

과
학

체크 1-1 지구의 자전으로 나타나는 현상

다음은 하루 동안 일어나는 태양의 위치 변화를 나타낸 것입니다. 가장 먼저 태양을 관찰한 것은 어느 것입니까?

( )

도움말

태양은 하루 동안 동쪽 → 남쪽 → 서쪽으로 움직이는 것처럼 보입니다.

1-2

다음은 하루 동안 일어나는 보름달의 위치 변화를 나타낸 것입니다. 밤 12시 무렵에 보름달을 볼 수 있는 위치의 기호를 쓰시오.

( )

체크 2-1 지구의 공전

다음은 지구가 자전하면서 공전하는 모습을 나타낸 것입니다. 지구가 ㉠ 위치에서 다시 ㉠ 위치로 돌아오는 데에 걸리는 시간은 얼마입니까? ( )

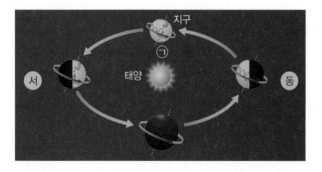

① 하루   ② 일 년   ③ 십 년

도움말

지구는 태양을 중심으로 일 년에 한 바퀴씩 공전합니다.

2-2

다음은 지구의 공전에 대한 설명입니다. ☐ 안에 들어갈 알맞은 말을 보기에서 골라 기호를 쓰시오.

지구가 [   ]을/를 중심으로 일 년에 한 바퀴씩 서쪽에서 동쪽(시계 반대 방향)으로 회전하는 것을 지구의 공전이라고 합니다.

보기

㉠ 달   ㉡ 태양   ㉢ 자전축

( )

체크 3-1 기체의 성질과 이용

다음 중 오른쪽과 같이 응급 환자의 호흡 장치에 이용하는 기체는 어느 것입니까?
( )

▲ 호흡 장치

① 수소 　　 ② 산소 　　 ③ 이산화 탄소

도움말

산소는 우리가 숨을 쉴 때 필요한 기체입니다.

3-2

다음 중 이산화 탄소가 이용되는 경우가 <u>아닌</u> 것은 어느 것입니까? ( )

▲ 소화기

▲ 탄산음료

▲ 과자 포장

체크 4-1 압력에 따른 기체의 부피 변화

다음은 깊은 바닷속에서 잠수부가 내뿜은 공기 방울의 크기를 비교한 것입니다. ○ 안에 >, <, = 중 하나를 골라 쓰시오.

| 깊은 바닷속에서의 공기 방울의 크기 | ○ | 물 표면에서의 공기 방울의 크기 |

도움말

잠수부가 내뿜은 공기 방울은 물 표면으로 올라올수록 커집니다.

4-2

다음 보기 에서 깊은 바닷속에서 잠수부가 내뿜은 공기 방울이 물 표면으로 올라올수록 커지는 까닭으로 옳은 것을 골라 기호를 쓰시오.

보기
㉠ 깊은 바닷속과 물 표면의 압력이 같기 때문입니다.
㉡ 물 표면으로 올라올수록 주위의 압력이 높아지기 때문입니다.
㉢ 물 표면으로 올라올수록 주위의 압력이 낮아지기 때문입니다.

( )

체크 5-1 온도에 따른 기체의 부피 변화

물이 조금 담긴 페트병을 마개로 막고 냉장고에 넣었을 때 나타나는 결과에 대해 **틀리게** 말한 친구의 이름을 쓰시오.

유림: 페트병이 찌그러져.
경준: 페트병이 팽팽하게 부풀어 올라.
수현: 페트병 속 기체의 부피가 작아져.

( )

도움말

온도가 낮아지면 기체의 부피가 작아집니다.

5-2

다음 중 온도와 기체의 부피 변화에 관련된 현상으로 옳은 것은 어느 것입니까? ( )

① 고무풍선을 씌운 삼각 플라스크를 얼음물에 넣으면 고무풍선이 오그라든다.
② 공기가 든 주사기의 입구를 막고 피스톤을 세게 누르면 피스톤이 많이 들어간다.
③ 물이 조금 담긴 페트병의 마개를 막고 냉장고에 넣으면 페트병이 부풀어 오른다.

▶ 범위 4~5단원

개념 1 뿌리의 생김새와 하는 일

○ **뿌리의 생김새**: 뿌리의 생김새는 식물의 종류에 따라 ❶ [   ] 하고, 뿌리에는 솜털처럼 가는 뿌리털이 나 있습니다.

○ **뿌리가 하는 일**

지지 기능	땅속으로 뻗어 식물을 지지함.
흡수 기능	물을 흡수함. → ❷ [ ]은 물을 더 잘 흡수하도록 해 줌.
저장 기능	뿌리에 양분을 저장하는 식물도 있음. 예 무, 고구마 등

답 | ❶ 다양 ❷ 뿌리털

보기

✓ **뿌리**: 주로 땅속으로 자라 식물을 지지합니다.

✓ **뿌리의 흡수 기능 알아보기**

뿌리를 자르지 않은 양파 ／ 뿌리를 자른 양파

≫ 뿌리를 자르지 않은 양파는 물을 흡수하여 비커의 물이 더 많이 줄어들었습니다.

개념 2 줄기의 생김새와 하는 일

○ **줄기의 생김새**: 식물의 줄기에는 ❶ [   ] 줄기(예 느티나무 등), 감는 줄기(예 나팔꽃 등), 기는 줄기(예 고구마 등)가 있습니다.

○ **줄기가 하는 일**

지지 기능	식물을 지지함.
저장 기능	잎에서 만든 ❷ [ ]을 저장하기도 함. 예 감자, 토란, 마늘 등
운반 기능	물과 양분이 이동하는 통로임.

답 | ❶ 곧은 ❷ 양분

보기

✓ **줄기**: 물과 양분을 식물 전체로 보냅니다.

✓ **붉은 색소 물에 넣어 둔 백합 줄기의 단면 관찰**

▲ 가로로 자른 단면   ▲ 세로로 자른 단면

≫ 줄기 단면에서 붉게 보이는 부분은 물이 이동한 통로로, 물은 이 통로를 통해 위로 올라갑니다.

개념 3 잎이 하는 일

○ **광합성**: 식물이 빛과 ❶ [   ], 뿌리에서 흡수한 물을 이용하여 스스로 녹말과 같은 양분을 만드는 것으로, 주로 잎에서 일어납니다.

○ **증산 작용**

뜻	잎에 도달한 ❷ [ ]이 기공을 통해 식물 밖으로 빠져나가는 것
역할	• 식물의 온도를 조절함. • 뿌리에서 흡수한 물을 식물의 꼭대기까지 끌어 올릴 수 있도록 도움.

답 | ❶ 이산화 탄소 ❷ 물

보기

✓ **광합성과 양분의 이동**

빛 / 이산화 탄소 / 물 / 양분 / 녹말

≫ 잎은 광합성을 통해 녹말과 같은 양분을 만들고, 잎에서 만들어진 양분은 줄기를 거쳐 뿌리, 줄기, 열매 등 필요한 부분으로 운반되어 사용되거나 저장됩니다.

확인 1-1

다음 뿌리가 하는 일에 대한 설명에 맞게 (   ) 안의 알맞은 말에 ○표를 하시오.

(1) 뿌리는 땅속으로 뻗어 물을 (저장 / 흡수)합니다.

(2) 고구마는 뿌리에 (물 / 양분)을 저장합니다.

> 풀이 │ 식물의 뿌리는 식물을 지지하고 ❶[   ]을 흡수하며 양분을 ❷[   ]하기도 합니다.

답 │ ❶물 ❷저장

1-2 다음은 뿌리가 하는 일입니다. 빈칸에 들어갈 알맞은 말을 l보기l에서 골라 각각 쓰시오.

> ┌보기┐
> 지지   흡수

(1) 뿌리의 뿌리털은 물을 더 잘 [   ]하도록 해 줍니다.

(2) 뿌리는 땅속으로 뻗어 식물을 [   ]합니다.

확인 2-1

다음은 줄기가 하는 일에 대한 설명입니다. 빈칸에 들어갈 알맞은 말을 l보기l에서 골라 각각 쓰시오.

> ┌보기┐
> 이동   지지   저장

(1) 줄기는 물이 [   ]하는 통로입니다.

(2) 줄기는 식물을 [   ]합니다.

(3) 줄기는 양분을 [   ]하기도 합니다.

> 풀이 │ 뿌리에서 흡수한 ❶[   ]은 줄기를 통해 이동하고, 감자, 토란 등은 잎에서 만들어진 ❷[   ]을 줄기에 저장하기도 합니다.

답 │ ❶물 ❷양분

2-2 다음은 붉은 색소 물에 넣어 둔 백합 줄기를 가로로 자른 모습입니다. 줄기 단면에서 붉게 보이는 부분은 무엇이 이동한 통로인지 쓰시오.

(   )

확인 3-1

다음 l보기l 중 증산 작용이 일어나는 곳을 골라 기호를 쓰시오.

> ┌보기┐
> ㉠ 씨   ㉡ 기공
> ㉢ 뿌리털   ㉣ 꽃가루

(   )

> 풀이 │ 잎에서는 ❶[   ]에서 흡수하여 사용하고 남은 물을 기공을 통해 식물 밖으로 내보내는 ❷[   ]이 일어납니다.

답 │ ❶뿌리 ❷증산 작용

3-2 다음 증산 작용에 대한 설명에 맞게 (   ) 안의 알맞은 말에 ○표를 하시오.

(1) 증산 작용은 (잎 / 줄기)의 기공에서 일어납니다.

(2) 증산 작용은 (잎 / 뿌리)에서 흡수한 (물 / 양분)을 식물의 꼭대기까지 끌어 올릴 수 있도록 돕습니다.

개념 4 빛의 굴절

- **빛의 굴절**: 서로 다른 물질의 경계에서 빛이 **❶** _____ 나아가는 현상

- **공기와 물의 경계에서 빛이 나아가는 모습**

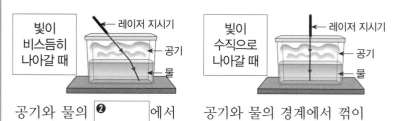

빛이 비스듬히 나아갈 때	빛이 수직으로 나아갈 때
공기와 물의 **❷** _____ 에서 꺾여 나아감.	공기와 물의 경계에서 꺾이지 않고 그대로 나아감.

답 | ❶ 꺾여 ❷ 경계

보기
✓ 물을 부은 컵 속의 동전 관찰하기

물을 붓지 않았을 때	물을 부었을 때
동전이 보이지 않음.	동전이 보임.

≫ 물속에 있는 물체의 모습은 실제와 다른 위치에 있는 것처럼 보입니다. ➡ 빛이 공기와 물의 경계에서 굴절하기 때문입니다.

개념 5 볼록 렌즈의 특징

- **볼록 렌즈**: 가운데 부분이 가장자리보다 **❶** _____ 렌즈

- **볼록 렌즈로 물체 관찰하기**

가까이 있는 물체	멀리 있는 물체
실제 물체보다 크게 보일 수 있음.	실제 물체와 달리 **❷** _____ 가 바뀌어 보일 수 있음.

답 | ❶ 두꺼운 ❷ 상하좌우

보기
✓ 볼록 렌즈에 레이저 지시기의 빛을 비추었을 때 빛이 나아가는 모습

레이저 지시기 / 볼록 렌즈

≫ 볼록 렌즈의 가장자리를 통과하는 빛은 두꺼운 가운데 부분으로 꺾여 나아갑니다.

≫ 볼록 렌즈의 가운데를 통과하는 빛은 꺾이지 않고 그대로 나아갑니다.

개념 6 간이 사진기

- **간이 사진기로 본 물체의 모습**

① 간이 사진기로 물체를 보면 물체의 모습이 **❶** _____ 가 바뀌어 보입니다.

② 간이 사진기에 있는 볼록 렌즈가 빛을 **❷** _____ 시켜 기름종이에 상하좌우가 다른 물체의 모습을 만들기 때문입니다.

답 | ❶ 상하좌우 ❷ 굴절

보기
✓ 간이 사진기로 물체 관찰하기

≫ 볼록 렌즈가 빛을 굴절시켜 상하좌우가 바뀐 상을 만듭니다.

확인 4-1

다음은 빛이 굴절되는 모습에 대한 설명입니다. 빈칸에 들어갈 알맞은 말을 보기에서 골라 각각 쓰시오.

┌ 보기 ┐
꺾여   그대로

(1) 수면에 비스듬히 비춘 빛은 공기와 물의 경계에서 [   ] 나아갑니다.

(2) 수면에 수직으로 비춘 빛은 공기와 물의 경계에서 꺾이지 않고 [   ] 나아갑니다.

풀이 | 빛은 ❶ [   ] 나아갈 때 공기와 물의 경계에서 꺾여 나아가고, ❷ [   ] 으로 나아갈 때는 공기와 물의 경계에서 꺾이지 않고 그대로 나아갑니다.

답 | ❶ 비스듬히 ❷ 수직

4-2 다음 컵 속 동전의 모습을 보고, (   ) 안의 알맞은 말에 ○표를 하시오.

▲ 물을 붓지 않았을 때

▲ 물을 부었을 때

공기와 물의 경계에서 빛이 (반사 / 굴절)하기 때문에 물속에 있는 동전의 모습은 실제와 (같은 / 다른) 위치에 있는 것처럼 보입니다.

확인 5-1

다음은 볼록 렌즈에 대한 설명입니다. (   ) 안의 알맞은 말에 ○표를 하시오.

볼록 렌즈를 물체에 (가까이 / 멀리)하면 크게 보이고, (가까이 / 멀리)하면 상하좌우가 바뀌어 보입니다.

풀이 | 볼록 렌즈는 물체를 ❶ [   ] 보이게 하기도 하고, 빛을 굴절시켜 ❷ [   ] 가 바뀌어 보이게도 합니다.

답 | ❶ 크게 ❷ 상하좌우

5-2 다음은 볼록 렌즈에 대한 설명입니다. (   ) 안의 알맞은 말에 ○표를 하시오.

볼록 렌즈로 가까이 있는 물체를 보면 (크게 / 작게) 보이고, 멀리 있는 물체를 보면 (좌우 / 상하좌우)가 바뀌어 보입니다.

확인 6-1

간이 사진기로 물체를 본 모습에 대한 설명입니다. (   ) 안의 알맞은 말에 ○표를 하시오.

물체는 (상하좌우 / 좌우)가 바뀌어 보입니다.

풀이 | 간이 사진기에 있는 ❶ [   ] 렌즈가 빛을 ❷ [   ] 시켜 기름종이에 상하좌우가 바뀐 물체의 모습을 만듭니다.

답 | ❶ 볼록 ❷ 굴절

6-2 간이 사진기로 [가] 를 보았을 때 보이는 모습에 ○표를 하시오.

[가]   [七∠]

과
학

과학 3강 교과서 체크 6-1 ❷

체크 1-1 식물 세포와 동물 세포

다음 보기에서 세포에 대한 설명으로 옳은 것을 골라 기호를 쓰시오.

┌ 보기 ─────────────────
ㄱ 모든 세포는 크기와 모양이 일정합니다.
ㄴ 작지만 대부분 맨눈으로 볼 수 있습니다.
ㄷ 식물 세포에는 세포벽, 세포막, 핵이 있습니다.
└────────────────────

(   )

도움말
식물 세포는 동물 세포와 다르게 세포벽이 있습니다.

1-2

다음 중 식물 세포와 동물 세포의 공통점으로 옳은 것은 어느 것입니까? (   )

① 세포벽이 있다.
② 핵과 세포막이 있다.
③ 크기와 모양이 같다.
④ 맨눈으로 관찰할 수 있다.

체크 2-1 광합성

다음 보기에서 광합성을 할 때 필요한 것이 아닌 것을 골라 기호를 쓰시오.

┌ 보기 ─────────────────
ㄱ 빛　　　　　　　ㄴ 물
ㄷ 산소　　　　　　ㄹ 이산화 탄소
└────────────────────

(   )

도움말
식물의 잎은 빛을 받아 양분을 만듭니다.

2-2

다음 중 광합성에 대한 설명으로 옳은 것은 어느 것입니까? (   )

① 뿌리에서만 일어난다.
② 빛을 이용해 양분을 만드는 것이다.
③ 광합성을 거쳐 이산화 탄소가 만들어진다.
④ 잎에서 식물 밖으로 물을 내보내는 것이다.

체크 3-1 씨를 퍼뜨리는 방법

다음 중 동물의 털이나 사람의 옷에 붙어서 씨를 퍼뜨리는 것을 골라 기호를 쓰시오.

▲ 단풍나무　　▲ 도깨비바늘　　▲ 민들레

(   )

도움말
단풍나무 열매는 날개가 있고, 도깨비바늘 열매는 갈고리가 있으며, 민들레 열매는 가벼운 솜털이 있습니다.

3-2

다음 중 씨를 퍼뜨리는 방법이 나머지와 다른 하나는 어느 것입니까? (   )

▲ 민들레　　　▲ 박주가리　　　▲ 벚나무

체크 4-1 물속에 있는 물체의 모습

물속에 있는 물체가 보이는 모습에 대한 설명으로 옳은 것은 어느 것입니까? (   )

① 물에 잠긴 다리가 길어 보인다.

② 물의 깊이가 실제보다 얕아 보인다.

③ 물속의 물고기가 보이는 곳보다 더 얕은 곳에 있다.

도움말

공기와 물의 경계에서 빛이 굴절하기 때문에 물속에 잠긴 물체는 꺾여 보이고, 물속의 물체는 떠 보입니다.

4-2

오른쪽은 물속에 있는 물고기의 위치가 실제와 다르게 보이는 것을 나타낸 것입니다. ㉠과 ㉡ 중 실제 물고기의 위치는 어느 것인지 기호를 쓰시오.

(   )

체크 5-1 볼록 렌즈를 통과한 햇빛

볼록 렌즈를 통과한 햇빛에 대한 설명 중 옳지 <u>않은</u> 것은 어느 것입니까? (   )

① 햇빛을 한곳으로 모을 수 있다.

② 햇빛을 모은 곳은 밝기가 어둡다.

③ 햇빛을 모은 원 안의 온도는 높다.

도움말

곧게 나아가는 빛은 볼록 렌즈의 가장자리를 통과하면 빛은 두꺼운 가운데 부분으로 꺾여 나아가고, 빛은 모일수록 밝아지고 뜨거워집니다.

5-2

다음 중 볼록 렌즈에 대한 설명으로 옳지 <u>않은</u> 것은 어느 것입니까? (   )

① 종이를 태울 수 있다.

② 햇빛을 모을 수 없다.

③ 햇빛을 모은 곳은 밝고, 온도가 높다.

체크 6-1 볼록 렌즈를 이용해 만든 기구

다음 보기 에서 볼록 렌즈를 이용한 기구가 <u>아닌</u> 것을 찾아 쓰시오.

┌ 보기 ┐
| 현미경 | 망원경 | 사진기 | 프리즘 |

(   )

도움말

볼록 렌즈는 물체를 확대하는 성질과 빛을 모으는 성질이 있습니다.

6-2

다음의 물건들은 공통으로 무엇을 이용하여 만든 것인지 쓰시오.

| 현미경 | 망원경 | 사진기 |

(   )

과학

과학 기초성취도 평가 1회

교과 과정 5학년 2학기

1 다음 생물 요소 중 분해자에 해당하는 것은 어느 것입니까? ( )

①
▲ 강아지풀

②
▲ 민들레

③
▲ 까치

④
▲ 곰팡이

교과 과정 5학년 2학기

2 생태계에서 생물의 먹고 먹히는 관계가 다음과 같이 연결되어 있는 것을 나타내는 말은 어느 것입니까?

( )

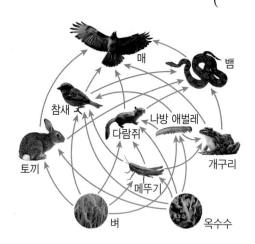

① 먹이 사슬
② 먹이 그물
③ 생태 피라미드

교과 과정 5학년 2학기

3 다음 중 겨울잠을 자는 행동을 통해 추운 겨울을 나기 유리하게 적응된 생물은 어느 것입니까? ( )

①
▲ 공벌레

②
▲ 대벌레

③
▲ 다람쥐

④
▲ 철새(기러기)

교과 과정 5학년 2학기

4 다음 중 생활 속에서 습도가 낮을 때 나타날 수 있는 현상을 옳게 이야기한 친구는 누구입니까? ( )

① 선아: 곰팡이가 잘 피어요.
② 나은: 산불이 발생하기 쉬워요.
③ 정은: 빨래가 잘 마르지 않아요.
④ 민우: 음식물이 부패하기 쉬워요.

신경향

5 다음 ( ) 안에 들어갈 알맞은 날씨를 골라 ○를 표시하시오.

> ( )은/는 구름 속 작은 물방울이 합쳐지면서 무거워져 떨어지거나, 크기가 커진 얼음 알갱이가 무거워져 떨어지면서 녹은 것입니다.

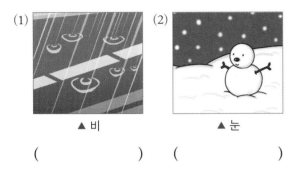

(1) ▲ 비   (2) ▲ 눈

( )   ( )

6 다음은 우리 모둠에서 50 m 달리기를 해 결승선에 도착하는 데 걸린 시간을 기록한 것입니다. 가장 빠르게 달린 친구는 누구인지 쓰시오.

이름	걸린 시간	이름	걸린 시간
현수	9초 12	영진	8초 55
주원	8초 40	세인	9초 40

( )

7 다음 중 속력을 구하는 방법으로 옳은 것은 어느 것입니까? ( )

① (속력) = (이동 거리) ÷ (걸린 시간)

② (속력) = (이동 거리) × (걸린 시간)

③ (속력) = (이동 거리) + (걸린 시간)

코딩

과학

8 여러 가지 물질을 어떤 용액 ㈎에 넣었을 때의 결과를 보고 다음과 같이 분류하였습니다. ㈎에 들어갈 용액으로 알맞은 것은 어느 것입니까? ( )

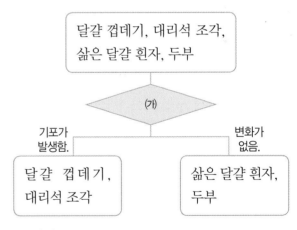

① 설탕물

② 묽은 염산

③ 묽은 수산화 나트륨 용액

9 교과 과정 5학년 2학기

어떤 용액에 페놀프탈레인 용액을 떨어뜨렸더니 오른쪽과 같이 붉은색으로 변하였습니다. 이 용액으로 알맞은 것은 어느 것입니까? (   )

① 레몬즙
② 사이다
③ 묽은 염산
④ 묽은 수산화 나트륨 용액

10 교과 과정 5학년 2학기   융합

다음은 선아가 쓴 일기 중 일부분입니다. (   ) 안에 공통으로 들어갈 물질로 알맞은 것은 어느 것입니까? (   )

어머니께서 생선을 손질하신 다음 (   )(으)로 도마를 닦아내셨습니다. 왜 그렇게 하시는지 여쭤보니 산성 용액인 (   )이/가 도마에서 나는 생선 비린내를 없애주기 때문이라고 하셨습니다. 생활 속에서 산성 용액과 염기성 용액을 이용하는 경우가 많은 것 같습니다.

① 식초
② 석회수
③ 빨랫비누 물

11 교과 과정 6학년 1학기

지구의 자전축에 대한 설명으로 옳은 것은 어느 것입니까? (   )

① 지구에서 강 부분만 이은 가상의 직선이다.
② 지구의 육지 부분만 이은 가상의 직선이다.
③ 지구의 북극과 남극을 이은 가상의 직선이다.

12 교과 과정 6학년 1학기

다음은 여러 날 동안 저녁 7시에 달의 위치를 관측한 결과입니다. 여러 날 동안 달은 어느 쪽에서 어느 쪽으로 날마다 조금씩 위치를 옮겨 갑니까? (   )

① 동쪽에서 서쪽
② 북쪽에서 남쪽
③ 남쪽에서 북쪽
④ 서쪽에서 동쪽

13 기체 발생 장치를 꾸미고 다음과 같이 물질을 넣은 다음 핀치 집게를 열었을 때 집기병에 모이는 기체는 무엇인지 쓰시오.

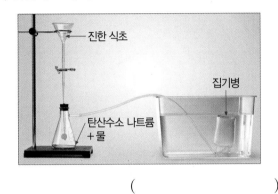

진한 식초

집기병

탄산수소 나트륨 +물

(   )

15 다음에서 공통으로 이용되는 기체는 어느 것입니까?

(   )

▲ 비행선　　　　　　▲ 공중에 띄운 풍선

① 산소

② 질소

③ 헬륨

④ 이산화 탄소

창의

14 다음은 음식을 포장한 비닐 랩이 시간이 지남에 따라 변한 모습입니다. ㉠과 ㉡ 중 그릇 안 기체의 온도가 더 높은 것을 골라 기호를 쓰시오.

비닐 랩

▲ 음식을 포장한 비닐 랩이　　▲ 음식을 포장한 비닐 랩이
　부풀어 오름.　　　　　　　　오목하게 들어감.

(   )

16 다음은 식물 세포와 동물 세포의 모습입니다. 식물 세포에만 있는 ㉠은 무엇인지 쓰시오

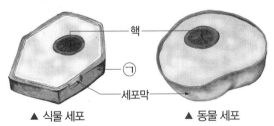

핵

㉠

세포막

▲ 식물 세포　　　　　　▲ 동물 세포

(   )

교과 과정 6학년 1학기

17 다음 중 줄기에 대해 옳게 설명한 친구는 누구입니까?
( )

① 민호: 모든 식물의 줄기는 곧게 뻗어요.

② 세영: 무, 당근은 줄기에 양분을 저장해요.

③ 원정: 줄기의 껍질은 해충이나 세균 등의 침
입을 막아 줘요.

교과 과정 6학년 1학기

19 다음과 같이 젓가락이 들어 있는 컵에 물을 부었을
때 나타나는 현상으로 옳은 것은 어느 것입니까?
( )

① 젓가락이 부러진다.

② 젓가락이 길어진다.

③ 젓가락이 꺾여 보인다.

④ 젓가락이 두 개로 보인다.

교과 과정 6학년 1학기

신경향

18 오른쪽은 꽃가루받이가 이
루어지는 모습입니다. 이에
대한 설명으로 옳은 것은
어느 것입니까? ( )

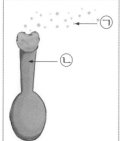

① ㉠은 암술이다.

② ㉡은 수술이다.

③ 꽃가루받이는 곤충,
새, 바람, 물 등의 도움으로 이루어진다.

교과 과정 6학년 1학기

융합

20 다음은 볼록 렌즈로 종이를 태워 도화지에 그림을
그린 모습입니다. 이와 같은 작품을 만들 수 있는 원
리로 옳은 것은 어느 것입니까? ( )

① 볼록 렌즈가 햇빛을 막기 때문이다.

② 볼록 렌즈로 햇빛을 모은 곳은 온도가 높기
때문이다.

③ 볼록 렌즈의 가장자리가 가운데 부분보다
두껍기 때문이다.

과학

기초성취도 평가 **2**회

---

1 [교과 과정] 5학년 2학기
다음 중 생물 요소가 <u>아닌</u> 것은 어느 것입니까?
( )

① ▲ 햇빛
② ▲ 다람쥐
③ ▲ 강아지풀

[신유형]

2 [교과 과정] 5학년 2학기
다음과 같은 오염이 생물에 미치는 영향으로 옳은 것을 |보기|에서 골라 기호를 쓰시오.

하천에서 악취가 나고, 거품이 둥둥 떠 있네.

|보기|
㉠ 공기가 깨끗해집니다.
㉡ 생물의 서식지가 늘어납니다.
㉢ 하천에 사는 물고기는 산소가 부족하여 죽기도 합니다.

( )

---

3 [교과 과정] 5학년 2학기
다음은 생물의 먹이 관계를 나타낸 것입니다. 빈 곳에 알맞은 생물은 어느 것입니까? ( )

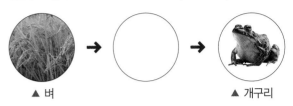

▲ 벼 → ○ → ▲ 개구리

① 매 ② 뱀
③ 옥수수 ④ 메뚜기

[코딩]

4 [교과 과정] 5학년 2학기
다음 이슬, 안개, 비, 눈을 분류한 것에서 ㉠~㉢에 들어갈 말로 옳은 것은 어느 것입니까? ( )

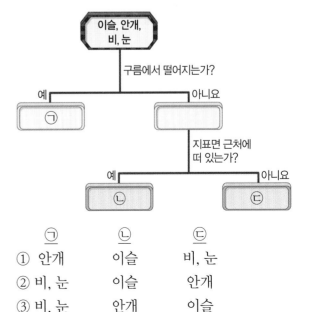

이슬, 안개, 비, 눈

구름에서 떨어지는가?
예 → ㉠
아니요 →

지표면 근처에 떠 있는가?
예 → ㉡
아니요 → ㉢

	㉠	㉡	㉢
①	안개	이슬	비, 눈
②	비, 눈	이슬	안개
③	비, 눈	안개	이슬

5 교과 과정 5학년 2학기

다음 중 낮에 바닷가에서 부는 바람에 대한 설명으로 옳은 것은 어느 것입니까? (　　　)

① 바람이 불지 않는다.
② 바다에서 육지로 바람이 분다.
③ 육지에서 바다로 바람이 분다.

6 교과 과정 5학년 2학기

다음 운동 경기의 공통점으로 옳은 것은 어느 것입니까? (　　　)

▲ 조정　　　　　▲ 수영

① 선수들의 빠르기를 비교할 수 없다.
② 일정한 시간 동안 이동한 거리로 빠르기를 비교한다.
③ 일정한 거리를 이동하는 데 걸린 시간을 측정해 빠르기를 비교한다.

7 교과 과정 5학년 2학기

다음은 ㈎, ㈏ 종이 자동차가 4초 동안 이동한 거리를 나타낸 것입니다. ㉠, ㉡에 들어갈 알맞은 말에 각각 ○표를 하시오.

구분	이동 거리
㈎ 종이 자동차	60 cm
㈏ 종이 자동차	120 cm

일정한 시간 동안 ㉠ (긴 / 짧은) 거리를 이동한 ㉡ (㈎ / ㈏) 종이 자동차가 더 빠릅니다.

8 교과 과정 5학년 2학기

다음 중 속력과 관련된 안전장치인 것을 골라 기호를 쓰시오.

▲ 자동계단　　▲ 케이블카　　▲ 과속 방지 턱

(　　　　　　)

9 교과 과정 5학년 2학기 **창의**

다음은 진영이의 일기입니다. 비석의 글자가 훼손된 까닭으로 옳은 것은 어느 것입니까? (   )

> 2000년 0월 0일
> 오늘은 휴일을 맞아 어머니와 보문사에 갔다.
> 그곳에서 연혁비를 보았는데, 대리석으로 만들어진 비석의 몇몇 글자들이 훼손되어 읽기가 어려웠다.
>
>
>
> ▲ 보문사 연혁비

① 대리석은 산성 물질에 녹을 수 있다.
② 대리석은 염기성 물질에 녹을 수 있다.
③ 대리석은 어떤 물질에도 반응하지 않는다.

10 교과 과정 5학년 2학기

다음 중 우리 생활에서 산성 용액을 이용하는 예는 어느 것입니까? (   )

①
▲ 속이 쓰릴 때 제산제를 먹음.

②
▲ 욕실을 청소할 때 표백제를 사용함.

③
▲ 생선을 손질한 도마를 식초로 닦아 냄.

④
▲ 하수구가 막힐 때 하수구 세정제를 사용함.

11 교과 과정 6학년 1학기

다음 중 지구의에 전등을 비추고 회전시키는 실험에 대한 설명으로 옳지 <u>않은</u> 것은 어느 것입니까?

(   )

① ㉠ 위치는 낮이다.
② ㉡ 위치는 밤이다.
③ 지구의를 회전시켜도 낮과 밤은 바뀌지 않는다.

12 교과 과정 6학년 1학기

다음은 여러 날 동안 태양이 진 직후 같은 시각, 같은 장소에서 달의 위치를 관찰한 결과입니다. ㉠, ㉡에 들어갈 알맞은 방위를 각각 쓰시오.

음력 7~8일 무렵
음력 2~3일 무렵
음력 15일 무렵
㉠   ㉡

㉠ (   )
㉡ (   )

13 [교과 과정] 6학년 1학기 **신유형**
다음 문제의 답에 해당하는 낱말을 찾고, 답의 별을 선으로 이었을 때 나타나는 별자리는 어느 것입니까?
( )

문제
(1) 지구의 북극과 남극을 이은 가상의 직선
(2) 지구가 하루에 한 바퀴씩 서쪽에서 동쪽으로 회전하는 것. 지구의 ○○
(3) 지구가 자전하면서 태양 빛을 받는 쪽
(4) 지구가 자전하면서 태양 빛을 받지 못하는 쪽
(5) 지구가 태양을 중심으로 일 년에 한 바퀴씩 서쪽에서 동쪽으로 회전하는 것. 지구의 ○○

① 처녀자리
② 큰개자리
③ 쌍둥이자리
④ 카시오페이아자리

14 [교과 과정] 6학년 1학기
다음 중 이산화 탄소의 성질로 옳은 것은 어느 것입니까? ( )

① 색깔이 있다.
② 금속을 녹슬게 한다.
③ 물질이 타는 것을 막는다.

15 [교과 과정] 6학년 1학기
다음 중 삼각 플라스크를 각각의 물에 넣은 결과를 통해 알 수 있는 점으로 옳은 것은 어느 것입니까?
( )

▲ 뜨거운 물에 넣었을 때　　▲ 얼음물에 넣었을 때

① 온도의 변화에 따라 기체의 무게가 달라진다.
② 온도의 변화에 따라 기체의 부피가 달라진다.
③ 압력의 변화에 따라 기체의 부피가 달라진다.

16 [교과 과정] 6학년 1학기 **신경향**
식물 세포와 동물 세포의 공통점에 대해 카드 맞추기를 하였습니다. ㉠에 들어갈 알맞은 말을 다음 글자 카드에서 찾아 쓰시오.

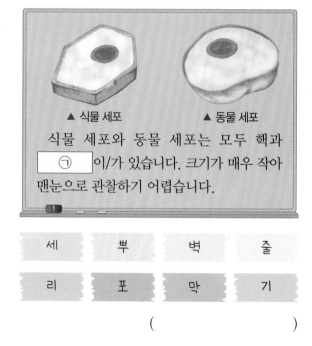

▲ 식물 세포　　▲ 동물 세포

식물 세포와 동물 세포는 모두 핵과 ㉠ 이/가 있습니다. 크기가 매우 작아 맨눈으로 관찰하기 어렵습니다.

세	뿌	벽	줄
리	포	막	기

( )

교과 과정 6학년 1학기

17 양파를 같은 양의 물이 든 비커에 각각 올려놓고 햇빛이 잘 드는 곳에 놓아 둔 후의 모습을 통해 알 수 있는 점으로 옳은 것은 어느 것입니까? (　　　)

▲ 뿌리를 자른 양파　　▲ 뿌리를 자르지 않은 양파

① 뿌리는 양분을 만드는 역할을 한다.

② 뿌리는 물을 흡수하는 역할을 한다.

③ 뿌리는 물을 공기 중으로 내보내는 역할을 한다.

교과 과정 6학년 1학기

18 다음 중 바람을 이용하여 꽃가루받이를 하는 식물은 어느 것입니까? (　　　)

① ▲ 벼　　② ▲ 사과나무　　③ ▲ 동백나무

교과 과정 6학년 1학기

19 다음과 같이 서로 다른 물질의 경계에서 빛이 나아가는 모습에 대한 설명으로 옳은 것은 어느 것입니까?

(　　　)

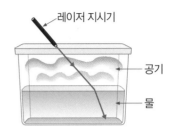

① 빛이 사라진다.

② 빛이 꺾여 나아간다.

③ 빛이 꺾이지 않고 그대로 나아간다.

융합

교과 과정 6학년 1학기

20 다음의 작품에 대한 설명에 맞게 □ 안에 들어갈 알맞은 말은 어느 것입니까? (　　　)

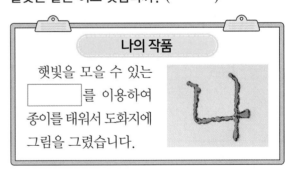

나의 작품

햇빛을 모을 수 있는 □□□를 이용하여 종이를 태워서 도화지에 그림을 그렸습니다.

① 오목 렌즈

② 볼록 렌즈

③ 평면 유리

과학

1 교과 과정 5학년 2학기

다음의 ㉠, ㉡에 해당하는 알맞은 생물을 바르게 짝 지은 것은 어느 것입니까? [4점] (   )

> 어떤 장소에서 서로 영향을 주고받는 ㉠ 살아 있는 것과 ㉡ 살아 있지 않은 것을 생태계라고 합니다.

	㉠	㉡
①	물	벼
②	연꽃	햇빛
③	공기	세균
④	붕어	곰팡이
⑤	개구리	개구리밥

2 교과 과정 5학년 2학기 　　　　　　**창의**

다음은 어느 국립 공원의 생물 이야기입니다. 만약 국립 공원에 늑대를 다시 풀어놓으면 현재 국립 공원에 사는 생물은 어떻게 되었을지 바르게 예상한 것은 어느 것입니까? [4점] (   )

> •늑대가 사라진 뒤
>
> 　사슴의 수는 빠르게 늘어났습니다. 사슴은 강가에 머물며 풀과 나무를 닥치는 대로 먹었습니다. 그 결과 풀과 나무가 제대로 자라지 못하였고, 나무로 집을 짓고 나뭇가지 등을 먹는 비버가 국립 공원에서 거의 사라졌습니다.

① 비버의 수는 줄어들었을 것이다.
② 비버의 수는 더 늘어났을 것이다.
③ 사슴의 수는 더 늘어났을 것이다.
④ 늑대의 수는 다시 줄어들었을 것이다.
⑤ 강가의 풀과 나무도 다시 잘 자라지 못하게 되었을 것이다.

3 교과 과정 5학년 2학기

다음과 같이 생물에 공통적으로 영향을 미치는 비생물 요소는 무엇입니까? [4점] (   )

▲ 철새는 새끼를 기르기에 적절한 장소를 찾아 먼 거리를 이동함.　▲ 식물의 잎에 단풍이 들거나 낙엽이 짐.　▲ 추운 계절이 다가오면 고양이는 털갈이를 함.

① 물　　　② 흙　　　③ 햇빛
④ 온도　　⑤ 공기

4 교과 과정 5학년 2학기 　　　　　　**신유형**

다음은 어떤 자연 현상에 대한 설명을 표로 정리한 것입니다. ㉠~㉢에 들어갈 알맞은 말을 쓰시오. [5점]

자연 현상	설명
이슬	밤에 차가워진 나뭇가지나 풀잎 표면 등에 수증기가 ㉠ 해 물방울로 맺히는 것
㉡	밤에 지표면 근처의 공기가 차가워지면서 공기 중 수증기가 응결해 작은 물방울로 떠 있는 것
비	㉢ 속 작은 물방울이 합쳐지면서 지표면에 떨어지는 것

㉠ (   ) ㉡ (   ) ㉢ (   )

신유형

교과 과정 5학년 2학기

5 다음 지면과 수면의 하루 동안 온도 변화 그래프에 대한 설명으로 옳은 것은 어느 것입니까? [4점]

( )

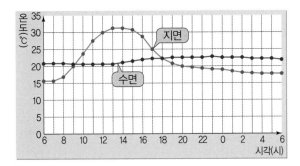

① 16시 무렵, 수면이 지면보다 온도가 높다.
② 낮에는 수면이 지면보다 더 빨리 데워진다.
③ 낮에는 지면과 수면의 온도 차가 거의 없다.
④ 밤에는 수면이 지면보다 빠르게 식는다.
⑤ 밤에는 지면의 온도가 수면의 온도보다 낮다.

교과 과정 5학년 2학기

6 다음은 우리나라의 계절별 날씨에 영향을 미치는 공기 덩어리를 나타낸 것입니다. 이에 대한 설명으로 옳은 것은 어느 것입니까? [4점] ( )

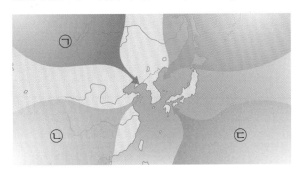

① ㉠은 따뜻하고 습하다.
② ㉡은 차갑고 건조하다.
③ ㉢은 따뜻하고 건조하다.
④ ㉠은 우리나라 여름 날씨에 영향을 미친다.
⑤ ㉡은 우리나라 봄, 가을 날씨에 영향을 미친다.

교과 과정 5학년 2학기

7 다음은 3시간 동안 여러 교통수단이 이동한 거리를 그래프로 나타낸 것입니다. 이에 대한 설명으로 옳지 않은 것은 어느 것입니까? [4점] ( )

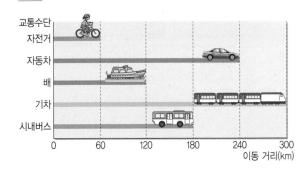

① 가장 빠른 교통수단은 기차이다.
② 가장 느린 교통수단은 자전거이다.
③ 배는 자동차보다 빠른 교통수단이다.
④ 시내버스는 배보다 빠른 교통수단이다.
⑤ 시내버스는 3시간에 180 km를 이동할 수 있다.

융합

교과 과정 5학년 2학기

8 다음의 빛과 소리에 관련한 글을 읽고 빛과 소리 중 더 빠른 것은 어느 것인지 쓰시오. [5점]

벼락이 칠 때 구름 사이로 번쩍이는 번개는 빛이고, 이때 생기는 큰 소리를 천둥소리라고 합니다. 벼락이 칠 때 번개를 먼저 보고 약간의 시간이 지난 다음에 천둥소리를 들을 수 있습니다. 그것은 빛의 속력은 약 30만 km/s이고, 소리의 속력은 약 340 m/s이기 때문입니다.

( )

교과 과정 5학년 2학기

9 다음 중 여러 가지 안전장치에 대한 설명으로 옳은 것은 어느 것입니까? [4점] (　　　)

▲ 과속 방지 턱　　▲ 에어백　　▲ 안전띠

① ㉠은 자동차에 설치한다.

② ㉡과 ㉢은 도로에 설치한다.

③ ㉠, ㉡, ㉢은 모두 속력과 관련된 안전장치이다.

④ ㉠은 자동차의 속력을 크게 하여 사고를 막는다.

⑤ ㉡과 ㉢은 충돌 사고에서 탑승자의 몸에 가해지는 충격을 줄여준다.

교과 과정 5학년 2학기

10 다음의 여러 가지 용액을 분류할 때 □ 안에 들어갈 알맞은 분류 기준으로 옳은 것은 어느 것입니까? [4점]

(　　　)

분류 기준: [　　　　　　　　　　]

그렇다. ┌─────────────────┐ 그렇지 않다.

식초　유리 세정제　사이다　석회수　묽은 수산화 나트륨 용액　묽은 염산　　레몬즙　빨랫비누 물

① 투명한가?

② 색깔이 있는가?

③ 냄새가 나는가?

④ 신맛이 있는가?

⑤ 흔들었을 때 거품이 3초 이상 유지되는가?

교과 과정 5학년 2학기

11 다음은 자주색 양배추 지시약에 대한 설명입니다. ㉠과 ㉡에 들어갈 알맞은 말을 각각 쓰시오. [4점]

자주색 양배추 지시약을 산성 용액에 떨어뜨리면 [㉠] 계열의 색깔로 변하고, 염기성 용액에 떨어뜨리면 푸른색이나 [㉡] 계열의 색깔로 변합니다.

㉠ (　　　　　　　) ㉡ (　　　　　　　　)

신경향

교과 과정 5학년 2학기

12 다음은 학생이 부모님과 견학을 다녀와서 쓴 일기입니다. 탑에 유리 보호 장치를 한 까닭에 대한 설명으로 옳은 것은 어느 것입니까? [4점] (　　　)

20○○년 ○월 ○일

오늘은 어머니와 서울에 있는 원각사지 십층 석탑을 보고 왔다. 가는 길에 주변의 고궁도 보고 어머니와 역사 이야기도 하면서 갔다. 공원에 도착해서 대리석으로 만든 석탑을 보았을 때 그 크기에 놀랐다. 하지만 석탑 주변에 유리 보호 장치를 하여 석탑의 모습을 자세하게 볼 수 없어서 조금 아쉬웠다.

▲ 서울 원각사지 십층 석탑

① 뜨거운 햇빛을 가리기 위해서이다.

② 공기가 통하지 않게 하기 위해서이다.

③ 탑이 넘어지는 것을 막기 위해서이다.

④ 탑에 염기성 물질이 닿는 것을 막기 위해서이다.

⑤ 탑이 산성을 띤 빗물이나 새의 배설물에 훼손되는 것을 막기 위해서이다.

13 다음의 지구의를 서쪽에서 동쪽으로 회전시킬 때 지구의 위에 있는 관측자 모형에게 보이는 전등의 움직이는 방향으로 옳은 것은 어느 것입니까? [4점]

( )

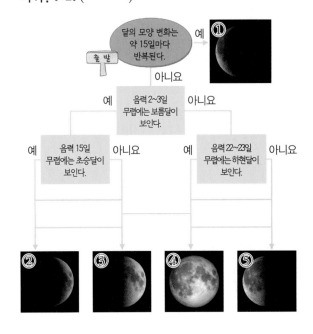

① 동쪽에서 북쪽으로 움직이는 것처럼 보인다.
② 동쪽에서 서쪽으로 움직이는 것처럼 보인다.
③ 서쪽에서 동쪽으로 움직이는 것처럼 보인다.
④ 남쪽에서 북쪽으로 움직이는 것처럼 보인다.
⑤ 북쪽에서 남쪽으로 움직이는 것처럼 보인다.

교과 과정 6학년 1학기

14 다음은 지구의 운동을 나타낸 것입니다. 지구가 ㉠에서 다시 ㉠ 위치로 돌아오는 데에 걸리는 시간으로 옳은 것은 어느 것입니까? [4점] ( )

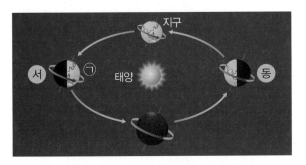

① 한 시간   ② 하루
③ 한 달   ④ 6개월
⑤ 일 년

창의

교과 과정 6학년 1학기

15 다음은 현서가 관측한 달의 모양을 찾는 암호지입니다. 현서가 관측한 달의 모양으로 옳은 것은 어느 것입니까? [4점] ( )

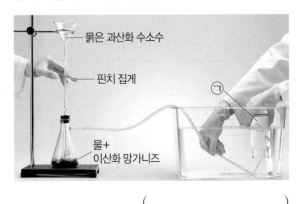

교과 과정 6학년 1학기

16 다음과 같이 기체 발생 장치를 꾸미고 핀치 집게를 조절하여 묽은 과산화 수소수를 조금씩 흘려보냈을 때 ㉠ 집기병에 모이는 기체를 쓰시오. [5점]

( )

[교과 과정] 6학년 1학기

17 다음 실험의 결과로 알 수 있는 이산화 탄소의 성질은 어느 것입니까? [4점] (   )

▲ 이산화 탄소가 든 집기병에 향불을 넣기 전의 모습

▲ 이산화 탄소가 든 집기병에 향불을 넣은 후의 모습

① 금속을 녹슬게 한다.
② 불꽃의 색깔을 변하게 한다.
③ 다른 물질이 타는 것을 돕는다.
④ 다른 물질이 타는 것을 막는다.
⑤ 생명 유지와 관련된 일에 이용된다.

[교과 과정] 6학년 1학기

코딩

18 지민이는 다음의 코딩 명령을 바르게 실행하여 최종으로 도착한 지점의 상품을 받았습니다. 지민이가 받은 상품은 무엇인지 쓰시오. [5점]

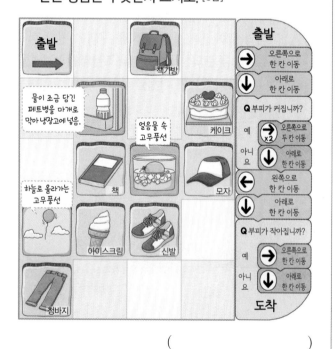

(   )

[교과 과정] 6학년 1학기

19 다음은 식물 세포와 동물 세포의 구조를 나타낸 것입니다. 각 부분의 이름을 바르게 짝지은 것은 어느 것입니까? [4점] (   )

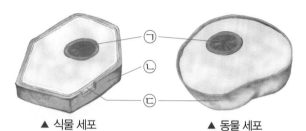

▲ 식물 세포   ▲ 동물 세포

① ㉠ − 핵   ② ㉠ − 세포벽
③ ㉡ − 핵   ④ ㉡ − 세포막
⑤ ㉢ − 세포벽

[교과 과정] 6학년 1학기

20 다음 식물의 구조에서 광합성이 주로 일어나는 곳으로 옳은 것은 어느 것입니까? [4점] (   )

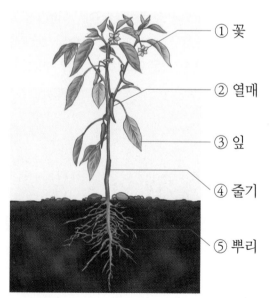

① 꽃
② 열매
③ 잎
④ 줄기
⑤ 뿌리

21 교과 과정 6학년 1학기

다음은 사과꽃의 구조입니다. ㉠ 부분이 하는 일로 옳은 것은 어느 것입니까? [4점] (   )

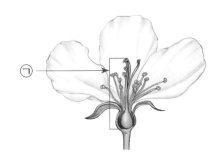

① 꽃가루를 만든다.
② 암술을 보호한다.
③ 수술을 보호한다.
④ 꽃잎을 보호한다.
⑤ 꽃가루받이를 거쳐 씨를 만든다.

22 교과 과정 6학년 1학기

다음의 실험과 관계있는 빛의 성질로 옳은 것은 어느 것입니까? [4점] (   )

실험 방법	높이가 낮고 불투명한 컵 바닥에 동전을 넣고 물을 붓지 않았을 때와 물을 부었을 때 컵 속의 동전 모습을 관찰한다.	
실험 결과	물을 붓지 않았을 때	물을 부었을 때
	동전이 보이지 않는다.	동전이 보인다.

① 빛은 곧게 나아간다.
② 빛은 원을 그리며 휘어져 나아간다.
③ 빛은 물을 통과하지 못하고 되돌아온다.
④ 빛은 공기와 물의 경계에서 꺾여 나아간다.
⑤ 빛은 물을 통과할 때 여러 가지 빛깔로 나타난다.

23 교과 과정 6학년 1학기   신유형

다음은 간이 사진기에 대해 친구와 대화한 내용입니다. ㉠과 ㉡에 들어갈 말을 바르게 짝지은 것은 어느 것입니까? [4점] (   )

	㉠	㉡
①	상하만 바뀌어	기름종이
②	상하만 바뀌어	볼록 렌즈
③	좌우만 바뀌어	볼록 렌즈
④	상하좌우가 바뀌어	기름종이
⑤	상하좌우가 바뀌어	볼록 렌즈

24 교과 과정 6학년 1학기

다음의 기구들이 공통적으로 이용한 것은 어느 것입니까? [4점] (   )

▲ 현미경

▲ 확대경

▲ 돋보기안경

① 거울
② 프리즘
③ 기름종이
④ 평면 유리
⑤ 볼록 렌즈

신경향

교과 과정 5학년 2학기

1 다음의 먹이 사슬과 먹이 그물에 대한 설명으로 옳지 <u>않은</u> 것은 어느 것입니까? [4점] (   )

▲ 먹이 사슬   ▲ 먹이 그물

① 개구리는 메뚜기를 먹이로 한다.

② 먹이 그물은 여러 방향으로 먹이 관계가 연결된다.

③ 먹이 사슬은 생물의 먹이 관계가 사슬처럼 연결되어 있다.

④ 먹이 그물은 여러 개의 먹이 사슬이 얽혀 그물처럼 연결되어 있다.

⑤ 실제 생태계에서 먹이 관계는 먹이 그물보다 먹이 사슬의 형태로 나타난다.

교과 과정 5학년 2학기

2 자른 페트병의 입구 부분을 거꾸로 하여 탈지면을 깔고 오른쪽과 같이 콩나물을 담은 뒤 9일 후 콩나물이 자란 모습을 관찰하였더니 다음과 같았습니다. 이 콩나물이 자란 조건으로 옳은 것은 어느 것입니까? [4점] (   )

콩나물
탈지면
페트병

• 떡잎이 연한 초록색으로 변했습니다.
• 떡잎 아래 몸통이 가늘어지고 시들었습니다.

① 어둠상자로 덮고 물을 주었다.

② 어둠상자로 덮고 물을 주지 않았다.

③ 햇빛이 잘 드는 곳에서 물을 주었다.

④ 햇빛이 잘 드는 곳에서 물을 주지 않았다.

⑤ 콩나물이 자란 조건은 알 수 없다.

교과 과정 5학년 2학기

3 다음은 시은이가 생물이 환경에 적응된 예에 대해 발표한 내용입니다.

선인장의 굵은 줄기와 뾰족한 가시는 건조한 환경에서 ㉠ 을/를 통해 생물이 적응된 결과입니다. 철새가 다른 지역으로 이동하는 행동은 계절별 온도 차가 큰 환경에서 ㉡ 을/를 통해 생물이 적응된 결과입니다.

㉠과 ㉡에 들어갈 알맞은 말을 바르게 짝 지은 것은 어느 것입니까? [4점] (   )

	㉠	㉡
①	생산자	생활 방식
②	생물 요소	생김새
③	생김새	생활 방식
④	생활 방식	생김새
⑤	생김새	환경 오염

교과 과정 5학년 2학기

4 오른쪽 건습구 습도계에서 ㉠의 온도가 25 ℃이고, ㉡의 온도가 27 ℃일 때 다음 습도표를 보고 현재 습도를 구하시오. [5점]

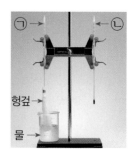

헝겊
물

▲ 건습구 습도계

건구 온도(℃)	건구 온도와 습구 온도의 차(℃)					
	0	1	2	3	4	5
25	100	92	84	77	70	63
26	100	92	85	78	71	64
27	100	92	85	78	71	65

(   ) %

---

5 교과 과정 5학년 2학기 다음 이슬, 안개, 구름의 공통점으로 옳은 것은 어느 것입니까? [4점] (   )

▲ 이슬   ▲ 안개   ▲ 구름

① 밤에 만들어진다.

② 높은 하늘에 떠 있다.

③ 지표면 근처에서 볼 수 있다.

④ 수증기가 응결해 나타나는 현상이다.

⑤ 작은 물방울이나 얼음 알갱이 상태로 떠 있다.

신유형

6 교과 과정 5학년 2학기 다음은 우리나라의 계절별 날씨에 영향을 미치는 공기 덩어리의 성질을 조사하여 정리한 보고서입니다.

〈보고서〉

이름: 이○○

• 우리나라의 계절별 날씨에 영향을 미치는 공기 덩어리

계절	영향을 미치는 공기 덩어리
(가)	남서쪽 대륙에서 이동해 오는 따뜻하고 건조한 공기 덩어리
(나)	남동쪽 바다에서 이동해 오는 따뜻하고 습한 공기 덩어리
(다)	북서쪽 대륙에서 이동해 오는 차갑고 건조한 공기 덩어리

(가)~(다)에 들어갈 알맞은 계절을 각각 쓰시오. [5점]

(가) (   )

(나) (   )

(다) (   )

7 교과 과정 5학년 2학기 다음 1초 간격으로 거리의 모습을 나타낸 그림에서 운동한 물체는 어느 것입니까? [4점] (   )

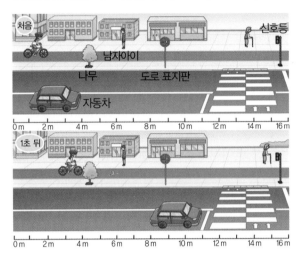

① 나무   ② 신호등

③ 자동차   ④ 남자아이

⑤ 도로 표지판

8 교과 과정 5학년 2학기 다음은 50 m를 달리는 데 걸린 시간을 기록한 것입니다. 이에 대한 설명으로 옳지 <u>않은</u> 것은 어느 것입니까? [4점] (   )

이름	걸린 시간
윤미	8초 32
지민	8초 56
유연	8초 91
혜정	9초 07
민준	9초 48

① 가장 느리게 달린 친구는 민준이다.

② 민준이는 윤미보다 더 빠르게 달렸다.

③ 혜정이는 지민이보다 더 느리게 달렸다.

④ 결승선에 가장 먼저 도착한 친구는 윤미이다.

⑤ 유연이는 혜정이보다 결승선에 더 먼저 들어왔다.

과학

9 교과 과정 5학년 2학기 **융합**

다음은 속력과 관련된 안전장치에 대한 신문 기사의 일부분입니다. □ 안에 들어갈 말로 알맞은 것은 어느 것입니까? [4점] (   )

○○ 신문

주택가나 학교 앞 도로에서 빠르게 달리는 차량에 대한 시민의 불만이 거셉니다. 인근 주민들은 □□□□의 설치를 늘려 줄 것을 요구하고 있습니다. □□□□은/는 자동차의 속력을 줄여서 사고를 막는 기능이 있기 때문입니다.

① 안전띠
② 에어백
③ 안전모
④ 무릎 보호대
⑤ 과속 방지 턱

10 교과 과정 5학년 2학기 **코딩**

다음과 같이 여러 가지 용액을 분류하였습니다. ㉠에 들어갈 분류 기준으로 알맞은 것은 어느 것입니까?
[4점] (   )

분류 기준: (㉠)

그렇다.
식초, 레몬즙, 유리 세정제, 사이다, 빨랫비누 물, 묽은 염산

그렇지 않다.
석회수, 묽은 수산화 나트륨 용액

① 투명한가?
② 냄새가 나는가?
③ 흔들었을 때 거품이 3초 이상 유지되는가?
④ 페놀프탈레인 용액을 넣으면 붉게 변하는가?
⑤ 자주색 양배추 지시약을 넣으면 붉은색 계열의 색깔로 변하는가?

11 교과 과정 5학년 2학기

붉은색 리트머스 종이에 떨어뜨렸을 때 오른쪽과 같은 색깔 변화가 나타나는 용액끼리 바르게 짝 지은 것은 어느 것입니까? [4점] (   )

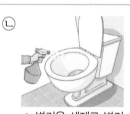
▲ 붉은색 리트머스 종이

① 식초, 레몬즙
② 사이다, 석회수
③ 석회수, 빨랫비누 물
④ 묽은 염산, 빨랫비누 물
⑤ 묽은 염산, 묽은 수산화 나트륨 용액

12 교과 과정 5학년 2학기

다음 보기 는 우리 생활에서 산성 용액과 염기성 용액을 이용하는 예입니다. 산성 용액을 이용하는 예끼리 바르게 짝 지은 것은 어느 것입니까? [4점]
(   )

보기

㉠
▲ 속이 쓰릴 때 제산제를 먹음.

㉡
▲ 변기용 세제로 변기를 청소함.

㉢ 식초
▲ 생선을 손질한 도마를 닦을 때 식초를 사용함.

㉣
▲ 하수구가 막힐 때 하수구 세정제를 사용함.

① ㉠, ㉡
② ㉠, ㉣
③ ㉡, ㉢
④ ㉡, ㉣
⑤ ㉢, ㉣

13 다음은 영준이가 하루 동안 달의 위치 변화를 관측하고 쓴 일기입니다.

> 20○○년 ○○월 ○○일   날씨: 맑음.
>
> • 제목: 하루 동안 달의 위치 변화
>
> 　오늘은 과학 시간에 하루 동안 달의 위치 변화를 관측하는 방법을 배웠습니다. 태양이 진 뒤에 같은 장소에서 일정한 간격으로 달의 위치를 관측하였습니다. 관측 결과 <u>달이 동쪽 하늘에서 남쪽 하늘을 지나 서쪽 하늘로 움직이는 것처럼 보였습니다.</u>

밑줄 친 부분처럼 보이는 까닭으로 옳은 것은 어느 것입니까? [4점] (　　　)

① 지구가 공전하기 때문이다.
② 지구가 자전하기 때문이다.
③ 달이 스스로 빛을 내기 때문이다.
④ 태양이 스스로 움직이기 때문이다.
⑤ 지구가 회전하지 않고 멈추어 있기 때문이다.

14 오른쪽의 지구가 태양 빛을 받고 있는 모습에 대한 설명으로 옳지 않은 것은 어느 것입니까? [4점] (　　　)

① 지구에서 낮인 곳은 ㉠이다.
② 지구에서 밤인 곳은 ㉡이다.
③ 태양은 현재 지구의 왼쪽에 있다.
④ 지구가 태양 빛을 받는 곳은 낮이 된다.
⑤ 지구가 자전을 하여도 태양 빛을 받는 쪽은 바뀌지 않는다.

15 다음과 같은 달을 볼 수 있는 때는 언제입니까? [4점]
(　　　)

① 음력 2~3일 무렵
② 음력 7~8일 무렵
③ 음력 15일 무렵
④ 음력 22~23일 무렵
⑤ 음력 27~28일 무렵

16 다음은 두 친구가 이산화 탄소의 성질을 발표한 내용입니다. ㉮~㉰ 중 <u>잘못</u> 말한 부분의 기호를 쓰시오.
[5점]

이산화 탄소의 성질에 대해 조사한 내용을 발표하겠습니다.

㉮ 이산화 탄소는 색깔과 냄새가 없습니다.

㉯ 이산화 탄소는 스스로 타지 않지만 다른 물질이 타는 것을 돕습니다.

㉰ 이산화 탄소는 석회수를 뿌옇게 만드는 성질이 있습니다.

(　　　　　　　　)

[교과 과정] 6학년 1학기

17 다음과 같이 물 40 mL를 넣은 주사기의 입구를 손가락으로 막고 주사기의 피스톤을 세게 눌렀을 때 나타나는 현상으로 옳은 것은 어느 것입니까? [4점]

( )

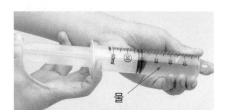

▲ 물 40 mL를 넣은 주사기 피스톤을 세게 눌렀을 때

① 피스톤이 들어간다.
② 물의 색깔이 변한다.
③ 물의 부피가 커진다.
④ 물의 부피가 변하지 않는다.
⑤ 피스톤이 들어갔다가 원래대로 나온다.

[교과 과정] 6학년 1학기

18 물방울이 든 플라스틱 스포이트를 뒤집어서 다음과 같이 각각 온도가 다른 물에 넣었을 때 플라스틱 스포이트 안에 든 물방울이 이동하는 방향을 바르게 짝 지은 것은 어느 것입니까? [4점] ( )

▲ 뜨거운 물에 넣었을 때   ▲ 얼음물에 넣었을 때

	㉠	㉡
①	↑	↑
②	↑	↓
③	↓	↓
④	↓	↑
⑤	위치 변화가 없다.	위치 변화가 없다.

[교과 과정] 6학년 1학기

19 다음 중 물을 흡수하고 식물을 지지하는 식물의 기관은 어디입니까? [4점] ( )

①    ②

▲ 잎   ▲ 뿌리

③    ④

▲ 줄기   ▲ 열매

⑤

▲ 꽃

[교과 과정] 6학년 1학기

20 다음은 붉은 색소 물에 4시간 동안 담가 둔 백합 줄기의 가로와 세로 단면의 모습입니다. 붉게 물든 부분에 대한 설명으로 옳은 것은 어느 것입니까? [4점]

( )

▲ 가로로 자른 단면   ▲ 세로로 자른 단면

① 물이 이동하는 통로이다.
② 양분을 만드는 부분이다.
③ 물을 흡수하는 부분이다.
④ 양분을 저장하는 부분이다.
⑤ 공기를 흡수하는 부분이다.

창의

21 교과 과정 6학년 1학기

수진이는 나뭇가지에 비닐봉지를 씌워 두었을 때 비닐봉지 안에 물방울이 생기는 까닭을 알아보기 위해 가설을 세우고 가설을 검증하는 실험을 설계한 후 실험을 해 보았습니다. 수진이가 세운 가설이 맞으면 ○, 가설이 맞지 <u>않으면</u> ×를 쓰시오. [4점]

| 가설 |
잎에서 물이 나와 비닐봉지 안에 물이 생겼을 것입니다.

| 실험 설계하기 |
㈎ 모종 한 개는 잎을 남겨 두고, 다른 한 개는 잎을 모두 없앱니다.
㈏ 두 모종을 각각 물이 담긴 삼각 플라스크에 넣고 삼각 플라스크 입구와 줄기 사이에 탈지면을 넣어 물이 증발하지 않도록 합니다.
㈐ 각 모종에 비닐봉지를 씌운 다음 공기가 통하지 않도록 묶고 햇빛이 잘 드는 곳에 1~2일 동안 놓아둡니다.
㈑ 비닐봉지 안의 변화를 관찰합니다.

| 실험 결과 |
잎이 있는 모종에 씌운 비닐봉지 안에는 물이 생겼고, 잎이 없는 모종에 씌운 비닐봉지 안에는 물이 생기지 않았습니다.

( )

22 교과 과정 6학년 1학기

다음과 같이 서로 다른 물질의 경계에서 빛이 꺾여 나아가는 현상을 무엇이라고 합니까? [4점] ( )

① 빛의 굴절   ② 빛의 반사
③ 빛의 산란   ④ 빛의 소멸
⑤ 빛의 직진

신유형

23 교과 과정 6학년 1학기

다음은 볼록 렌즈로 물체를 관찰한 결과입니다. ㈎와 ㈏ 중 <u>잘못된</u> 부분의 기호를 쓰시오. [5점]

〈보고서〉

이름: 한○○

• 볼록 렌즈로 물체를 보았을 때 물체의 모습

관찰 방법	관찰 결과
볼록 렌즈로 가까이 있는 물체를 관찰하였을 때	㈎ 물체가 크게 보임.
볼록 렌즈로 멀리 있는 물체를 관찰하였을 때	㈏ 물체의 좌우가 바뀌어 보임.

( )

24 교과 과정 6학년 1학기

다음은 간이 사진기를 만드는 과정을 순서에 관계없이 나타낸 것입니다. 순서대로 바르게 나타낸 것은 어느 것입니까? [4점] ( )

▲ 간이 사진기 전개도로 겉 상자를 만든다.

▲ 겉 상자에 속 상자를 넣어 간이 사진기를 완성한다.

▲ 간이 사진기 전개도로 속 상자를 만들고 한쪽 끝에 기름종이를 붙인다.

▲ 겉 상자의 동그란 구멍이 뚫린 부분에 셀로판테이프로 볼록 렌즈를 붙인다.

① ㉠ → ㉡ → ㉢ → ㉣
② ㉠ → ㉢ → ㉡ → ㉣
③ ㉠ → ㉢ → ㉣ → ㉡
④ ㉠ → ㉣ → ㉡ → ㉢
⑤ ㉠ → ㉣ → ㉢ → ㉡

미래를 바꾸는
긍정의 한 마디

멀리 갈 위험을 감수하는 자만이
얼마나 멀리 갈 수 있는지 알 수 있다.

T.S. 엘리엇(T.S. Eliot)

'실패는 성공의 어머니'라는 옛말이 있습니다.

그러니 어떤 일에 도전해 실패하더라도, 끝난 것이 아니라

성공을 위한 발판을 마련한 것이라고 자신을 다독여 주세요.

도전하지 않으면 얻을 수 있는 것도 없답니다.

도전하는 여러분의 멋진 결과를 기대할게요. 파이팅!

천재교육과 함께 배움에 대한 도전 정신을 불 태워 보시길!

COMPUTER BASED TEST

국가수준
학업성취도
평가 ——

문제집 | Part 1

정답과 풀이

초**6**

수학
사회
과학

천재교육

정답과 풀이
포인트 3가지

▶ 혼자서도 이해할 수 있는 친절한 문제 풀이

▶ 문제 해결에 필요한 핵심 내용

▶ 틀리기 쉬운 내용

정답과 풀이

5쪽 개념 확인 수학 5-2 ❶

1-1 (1) 미만에 ○표 (2) 초과에 ○표

1-2 (1) 이상 (2) 이하

2-1 (1) 올림에 ○표 (2) 버림에 ○표

2-2 (1) 430 (2) 420

3-1 $\dfrac{7 \times 6}{5}$에 ○표   **3-2** 4, 8

1-2 (1) 6과 같거나 큰 수는 6 이상인 수입니다.

(2) 4와 같거나 작은 수는 4 이하인 수입니다.

2-2 (1) 423을 올림하여 십의 자리까지 나타낼 때에는 십의 자리 아래 수인 3을 10으로 보고 430으로 나타냅니다.

(2) 423을 버림하여 십의 자리까지 나타낼 때에는 십의 자리 아래 수인 3을 0으로 보고 420으로 나타냅니다.

3-2 $\dfrac{2}{3} \times 4 = \dfrac{2 \times 4}{3} = \dfrac{8}{3} = 2\dfrac{2}{3}$

7쪽 개념 확인 수학 5-2 ❶

4-1 (1) 1 (2) 3

4-2 (1) $\dfrac{3}{8}$에 ○표 (2) $\dfrac{8}{15}$에 ○표

5-1 (○)( )   **5-2** 직선, 선

6-1 점   **6-2** 점에 ○표

4-2 (1) $\dfrac{1}{2} \times \dfrac{3}{4} = \dfrac{1 \times 3}{2 \times 4} = \dfrac{3}{8}$

(2) $\dfrac{4}{5} \times \dfrac{2}{3} = \dfrac{4 \times 2}{5 \times 3} = \dfrac{8}{15}$

5-2 한 직선을 따라 접었을 때 완전히 겹치는 도형을 선대칭도형이라고 합니다.

6-2 어떤 점을 중심으로 180° 돌렸을 때 처음 도형과 완전히 겹치므로 점대칭도형입니다.

8~9쪽 교과서 체크 수학 5-2 ❶

체크 1-1 (○)( )	1-2 ②
체크 2-1 220에 ○표	2-2 ①
체크 3-1 11에 ○표	3-2 ②
체크 4-1 (1) $1\dfrac{13}{35}$에 ○표	4-2 2
체크 5-1 ③	5-2 ㄹ
체크 6-1 ②	6-2 ㄹㄷ

체크 1-1 8 이하인 수는 8과 같거나 작은 수이므로 8에 ●을 이용하여 나타내고 왼쪽으로 선을 긋습니다.

1-2 13 초과인 수는 13보다 큰 수이므로 13에 ○을 이용하여 나타내고 오른쪽으로 선을 긋습니다.

체크 2-1 216을 반올림하여 십의 자리까지 나타내면 일의 자리 숫자가 6이므로 올려서 나타냅니다. 216 → 220

2-2 1248을 반올림하여 천의 자리까지 나타내면 백의 자리 숫자가 2이므로 버려서 나타냅니다. 1248 → 1000

체크 3-1 $4 \times 2\dfrac{3}{4} = \overset{1}{4} \times \dfrac{11}{\underset{1}{4}} = 11$

3-2 $\overset{5}{20} \times \dfrac{9}{\underset{4}{16}} = \dfrac{45}{4} = 11\dfrac{1}{4}$

체크 4-1 $1\dfrac{1}{5} \times 1\dfrac{1}{7} = \dfrac{6}{5} \times \dfrac{8}{7} = \dfrac{48}{35} = 1\dfrac{13}{35}$

4-2 $1\dfrac{2}{3} \times 1\dfrac{2}{9} = \dfrac{5}{3} \times \dfrac{11}{9} = \dfrac{55}{27} = 2\dfrac{1}{27}$

체크 5-1 대칭축을 따라 접었을 때 점 ㄱ과 겹치는 점은 점 ㅇ입니다.

5-2 대칭축을 따라 접었을 때 점 ㄱ과 겹치는 점은 점 ㄹ입니다.

체크 6-1 대칭의 중심을 중심으로 $180°$ 돌렸을 때 변 ㄱㄴ과 겹치는 변은 변 ㄷㄹ입니다.

6-2 대칭의 중심을 중심으로 $180°$ 돌렸을 때 변 ㄱㅂ과 겹치는 변은 변 ㄹㄷ입니다.

11쪽	**개념 확인**	수학 5-2 ❷
1-1 45, 4.5		1-2 4.2에 ○표
2-1 3.6		
2-2 (1) 7.4에 ○표	(2) 0.74에 ○표	
3-1 6		3-2 직육면체에 ○표

1-2 $0.6 \times 7 = \dfrac{6}{10} \times 7 = \dfrac{42}{10} = 4.2$

2-2 (1) 74에 0.1을 곱하면 소수점이 왼쪽으로 한 자리 옮겨집니다. ⇨ $74 \times 0.1 = 7.4$

(2) 74에 0.01을 곱하면 소수점이 왼쪽으로 두 자리 옮겨집니다. ⇨ $74 \times 0.01 = 0.74$

3-2 직사각형 6개로 둘러싸인 도형이므로 직육면체입니다.

13쪽	**개념 확인**	수학 5-2 ❷
4-1 실선		4-2 9에 ○표
5-1 2, 3		5-2 6에 ○표
6-1 확실하다에 ○표		6-2 반반이다

4-2 직육면체의 겨냥도에서 보이는 모서리를 실선으로 나타내므로 실선으로 나타낸 모서리의 수를 세어 보면 9개입니다.

5-2 (평균)$=(5+7)\div 2$
   $=12\div 2=6$(개)

6-2 100원짜리 동전을 던지면 숫자 면 또는 그림 면이 나오므로 숫자 면이 나올 가능성을 말로 표현하면 '반반이다'입니다.

14~15쪽	**교과서 체크**	수학 5-2 ❷
체크 1-1 1.5에 ○표		1-2 (1) 4.2 (2) 42
체크 2-1 0.96에 ○표		2-2 ②
체크 3-1 (위에서부터) 꼭짓점, 모서리		3-2 ①
체크 4-1 ( )(○)		4-2 실선에 ○표
체크 5-1 6		5-2 ①
체크 6-1 0에 ○표		6-2 1

체크 1-1 곱하는 수가 $\dfrac{1}{10}$배가 되면 계산 결과도 15의 $\dfrac{1}{10}$배인 1.5가 됩니다.

1-2 곱하는 수가 $\dfrac{1}{10}$배가 되면 계산 결과도 $\dfrac{1}{10}$배가 됩니다.

(1) 42의 $\dfrac{1}{10}$배인 4.2가 됩니다.

(2) 420의 $\dfrac{1}{10}$배인 42가 됩니다.

체크 2-1 곱해지는 수가 $\dfrac{1}{10}$배, 곱하는 수가 $\dfrac{1}{10}$배가 되면 계산 결과는 96의 $\dfrac{1}{100}$배인 0.96이 됩니다.

2-2 곱해지는 수가 $\dfrac{1}{10}$배, 곱하는 수가 $\dfrac{1}{10}$배가 되면 계산 결과는 $\dfrac{1}{100}$배가 됩니다.

⇨ 88의 $\dfrac{1}{100}$배인 0.88이 됩니다.

체크 3-1 모서리와 모서리가 만나는 점을 가리키므로 꼭짓점입니다.
면과 면이 만나는 선분을 가리키므로 모서리입니다.

3-2 직육면체에서 선분으로 둘러싸인 부분을 면이라고 합니다.

체크 4-1 접었을 때 겹치는 면이 없으며 만나는 선분끼리 길이가 같은 것은 오른쪽입니다.
왼쪽은 접었을 때 겹치는 면이 있습니다.

4-2 직육면체의 전개도에서 잘린 모서리는 실선, 잘리지 않는 모서리는 점선으로 나타냅니다.

체크 5-1 (평균)=(5+7+6)÷3
　　　　=18÷3=6(점)

5-2 (평균)=(1+2+6)÷3
　　　　=9÷3=3(권)

체크 6-1 해가 3개 뜰 가능성은 '불가능하다'이므로 수로 표현하면 0입니다.

6-2 회전판에 빨간색만 있으므로 화살이 빨간색에 멈출 가능성은 '확실하다'이고 수로 표현하면 1입니다.

17쪽	개념 확인	수학 6-1 ❶

1-1 $\dfrac{5}{7}$　　**1-2** (1) $\dfrac{2}{3}$에 ○표 (2) $\dfrac{4}{9}$에 ○표

2-1 2, 3

2-2 (1) $\dfrac{1}{4}\times\dfrac{1}{4}$에 ○표 (2) $\dfrac{7}{3}\times\dfrac{1}{3}$에 ○표

3-1 (위에서부터) 밑면, 옆면

3-2 (1) 모서리에 ○표 (2) 꼭짓점에 ○표

1-2 (1) $2\div3=\dfrac{2}{3}$　(2) $4\div9=\dfrac{4}{9}$

2-2 ÷(자연수)를 ×$\dfrac{1}{(\text{자연수})}$로 바꿉니다.

3-2 (1) 면과 면이 만나는 선분을 모서리라고 합니다.
(2) 모서리와 모서리가 만나는 점을 꼭짓점이라고 합니다.

19쪽	개념 확인	수학 6-1 ❶

4-1 (위에서부터) 옆면, 밑면

4-2 (1) 각뿔의 꼭짓점에 ○표 (2) 높이에 ○표

5-1 195, 195, 39, 3.9

5-2 (1) 15.6에 ○표 (2) 1.28에 ○표

6-1 870, 870, 435, 4.35

6-2 (1) 1.85에 ○표 (2) 1.15에 ○표

4-2 (1) 꼭짓점 중에서도 옆면이 모두 만나는 점을 각뿔의 꼭짓점이라고 합니다.
(2) 각뿔의 꼭짓점에서 밑면에 수직인 선분의 길이를 높이라고 합니다.

5-2 (1) $624\div4=156$ ⇨ $62.4\div4=15.6$
(2) $768\div6=128$ ⇨ $7.68\div6=1.28$

6-2 (1) $740 \div 4 = 185 \Rightarrow 7.40 \div 4 = 1.85$
    (2) $920 \div 8 = 115 \Rightarrow 9.20 \div 8 = 1.15$

체크 4-1 밑에 놓인 면이 다각형이고 옆으로 둘러싼 면이 모두 삼각형인 입체도형을 찾습니다.

4-2 각뿔은 밑면의 모양에 따라 밑면이 오각형이면 오각뿔이라고 하고, 밑면이 육각형이면 육각뿔이라고 합니다.

체크 5-1 나누는 수는 같고 나누어지는 수가 $\dfrac{1}{100}$배가 되면 몫도 $\dfrac{1}{100}$배가 됩니다.

5-2 $165 \div 3 = 55 \Rightarrow 1.65 \div 3 = 0.55$

체크 6-1 $8.12 \div 2 = \dfrac{812}{100} \div 2 = \dfrac{812 \div 2}{100}$
$$= \dfrac{406}{100} = 4.06$$
$\Rightarrow \text{㉠} = 100, \text{㉡} = 406, \text{㉢} = 4.06$

6-2 $1530 \div 5 = 306 \Rightarrow 15.30 \div 5 = 3.06$

20~21쪽	교과서 체크	수학 6-1 ❶

체크 1-1 ③

1-2 (1) 3에 ○표, $\dfrac{3}{4}$에 ○표 (2) 5에 ○표, $\dfrac{5}{6}$에 ○표

체크 2-1 (1) $\dfrac{8}{35}$에 ○표 (2) $\dfrac{9}{32}$에 ○표

2-2 $8, 8, 7, \dfrac{8}{21}$

체크 3-1 ③   **3-2** 삼각기둥에 ○표, 사각기둥에 ○표

체크 4-1 ②   **4-2** 오각뿔에 ○표, 육각뿔에 ○표

체크 5-1 27, 0.27   **5-2** ③

체크 6-1 ②   **6-2** ②

체크 1-1 ① $3 \div 8 = \dfrac{3}{8}$, ② $4 \div 7 = \dfrac{4}{7}$

1-2 ▲ ÷ ■는 $\dfrac{1}{■}$이 ▲개이므로 $\dfrac{▲}{■}$입니다.

체크 2-1 (1) $1\dfrac{3}{5} \div 7 = \dfrac{8}{5} \div 7 = \dfrac{8}{5} \times \dfrac{1}{7} = \dfrac{8}{35}$

(2) $2\dfrac{1}{4} \div 8 = \dfrac{9}{4} \div 8 = \dfrac{9}{4} \times \dfrac{1}{8} = \dfrac{9}{32}$

2-2 대분수를 가분수로 바꾸고 나눗셈을 곱셈으로 나타내어 계산합니다.

체크 3-1 서로 평행한 두 면이 합동인 다각형으로 이루어진 입체도형을 찾습니다.

3-2 각기둥은 밑면의 모양에 따라 밑면이 삼각형이면 삼각기둥이라고 하고, 밑면이 사각형이면 사각기둥이라고 합니다.

23쪽	개념 확인	수학 6-1 ❷

1-1 4 : 9에 ○표   **1-2** (1) 3 : 8 (2) 8 : 3

2-1 100, 75

2-2 (1) 25 %에 ○표 (2) 60 %에 ○표

3-1 틀립에 ○표   **3-2** 감

1-2 농구공은 3개, 야구공은 8개입니다.
    (1) 농구공 수와 야구공 수의 비는 3 : 8입니다.
    (2) 야구공 수와 농구공 수의 비는 8 : 3입니다.

2-2 (1) 1의 4에 대한 비는 1 : 4이므로 $\dfrac{1}{4}$입니다.

$$\dfrac{1}{4} = \dfrac{25}{100} = 0.25 \Rightarrow 0.25 \times 100 = 25 \ (\%)$$

(2) 5에 대한 3의 비는 3 : 5이므로 $\dfrac{3}{5}$입니다.

$$\dfrac{3}{5} = \dfrac{6}{10} = 0.6 \Rightarrow 0.6 \times 100 = 60 \ (\%)$$

3-2 가장 적은 학생이 좋아하는 과일은 띠의 길이가 가장 짧은 감입니다.

25쪽	개념 확인	수학 6-1 ❷

4-1 초록색에 ○표   **4-2** 일본

5-1 $3 \times 4 \times 5$에 ○표   **5-2** $9, 216$

6-1 $3 \times 3 \times 6$에 ○표   **6-2** $16, 6, 96$

4-2 나라별로 넓이를 비교하면 가장 적은 학생이 가 보고 싶은 나라는 넓이가 가장 좁은 일본입니다.

5-2 직육면체의 가로는 $4\,cm$, 세로는 $6\,cm$, 높이는 $9\,cm$입니다.
직육면체의 부피는 (가로) × (세로) × (높이)이므로 $4 \times 6 \times 9 = 216\ (cm^3)$입니다.

6-2 모든 면의 넓이는 정사각형의 넓이와 같으므로 겉넓이는 한 면의 넓이를 6배 하면 됩니다.

26~27쪽	교과서 체크	수학 6-1 ❷

체크 1-1 $\dfrac{4}{7}$ 1-2 ②

체크 2-1 ③   2-2 $1.2, 120$

체크 3-1 $40\,\%$에 ○표   3-2 ③

체크 4-1 $40\,\%$에 ○표   4-2 ③

체크 5-1 $5, 125$ 5-2 ③

체크 6-1 $3, 2, 52$ 6-2 ②

체크 1-1 $4 : 7$의 비율을 분수로 나타내면 $\dfrac{4}{7}$입니다.

1-2 8에 대한 5의 비는 $5 : 8$이므로 비율을 분수로 나타내면 $\dfrac{5}{8}$입니다.

$$\Rightarrow \frac{5}{8} = \frac{625}{1000} = 0.625$$

체크 2-1 $\dfrac{7}{10} = 0.7 \Rightarrow 0.7 \times 100 = 70\ (\%)$

2-2 $\dfrac{6}{5} = \dfrac{12}{10} = 1.2 \Rightarrow 1.2 \times 100 = 120\ (\%)$

체크 3-1 O형은 전체의 $40\,\%$입니다.

3-2 음식별로 띠의 길이를 비교하면 가장 적은 학생이 좋아하는 음식은 띠의 길이가 가장 짧은 피자이고 전체의 $10\,\%$입니다.

체크 4-1 도보는 전체의 $40\,\%$입니다.

4-2 곡물별로 넓이를 비교하면 생산량이 가장 많은 곡물은 넓이가 가장 넓은 쌀이고 전체의 $45\,\%$입니다.

체크 5-1 정육면체의 한 모서리의 길이는 $5\,cm$입니다.
정육면체의 부피는 (한 모서리의 길이) × (한 모서리의 길이) × (한 모서리의 길이)이므로 $5 \times 5 \times 5 = 125\ (cm^3)$입니다.

5-2 정육면체의 한 모서리의 길이는 $10\,cm$이므로 $10 \times 10 \times 10 = 1000\ (cm^3)$입니다.

체크 6-1 (겉넓이) $= (4 \times 2 + 4 \times 3 + 2 \times 3) \times 2$
$\qquad\qquad = (8 + 12 + 6) \times 2$
$\qquad\qquad = 26 \times 2 = 52\ (cm^2)$

6-2 (겉넓이)
$= (3 \times 6) \times 2 + (3 \times 5) \times 2 + (6 \times 5) \times 2$
$= 36 + 30 + 60 = 126\ (cm^2)$

28~31쪽	기초성취도 평가	수학1회
1 ③	**2** ③	
3 5, 8	**4** ③	
5 ③	**6** ②	
7 ①	**8** ②	
9 ③	**10** 368.4	
11 5	**12** ①	
13 ②	**14** ②	
15 1	**16** ④	
17 ①	**18** 10	
19 ④	**20** ③	

1 소수의 곱셈을 분수의 곱셈으로 계산하는 방법입니다.

$$3.75 \times 6 = \frac{375}{100} \times 6 = \frac{375 \times 6}{100}$$
$$= \frac{2250}{100} = 22.5$$

분모가 100이므로 소수점을 왼쪽으로 두 자리 이동합니다.
⇨ 22.50

2 직육면체는 직사각형 6개로 둘러싸인 도형이므로 ③입니다.

3 8에 대한 5의 비 ⇨ 5 : 8
비교하는 양 / 기준량

4 점대칭도형에서 각각의 대응변의 길이가 서로 같습니다.

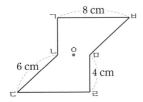

⇨ 변 ㄷㄹ의 대응변은 변 ㅂㄱ이므로 변 ㄷㄹ의 길이는 8 cm입니다.

5 50 초과인 수는 50을 포함하지 않으므로 ○로 표시하고 57 이하인 수는 57을 포함하므로 ●로 표시한 다음 50과 57 사이에 선을 긋습니다.
⇨ ③

6

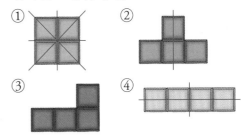

(오각뿔의 모서리의 수)
＝(밑면의 변의 수)×2
＝5×2＝10(개)

7 가장 많은 학생들이 여가 시간에 하는 일은 띠그래프에서 길이가 가장 긴 부분입니다.
⇨ 띠그래프에서 길이가 가장 긴 부분을 찾으면 영상 시청입니다.

8 게임을 하는 학생 30 %와 운동을 하는 학생 15 %를 더합니다.
⇨ 30＋15＝45 (%)

9 선대칭도형은 한 직선을 따라 접었을 때 완전히 겹치는 도형입니다.

① ② ③ ④

⇨ 선대칭도형이 아닌 것은 ③입니다.

10 곱하는 수가 10이므로 소수점을 오른쪽으로 한 자리 이동합니다.
36.84×10＝368.4(원)

11 5000000 cm³＝5 m³

12 상자에 검은색 바둑돌만 4개 들어 있습니다. 따라서 이 상자에서 꺼낸 바둑돌이 흰색일 가능성은 '불가능하다'이고, 이를 수로 표현하면 0입니다.

13 $\dfrac{22+25+24+20+24}{5}=\dfrac{115}{5}=23$(명)

14 $11.2\div4=2.8$(배)

15 $\dfrac{5}{\overset{}{\underset{2}{6}}}\times\overset{1}{3}=\dfrac{5}{2}=2\dfrac{1}{2}$

$\Rightarrow 2\dfrac{1}{2}$은 2보다 크므로 1이 출력됩니다.

16 (한 상자에 담은 블루베리의 무게)
= (딴 블루베리의 무게)÷(상자 수)
$=2\dfrac{2}{3}\div4=\dfrac{8}{3}\div4=\dfrac{8\div4}{3}=\dfrac{2}{3}$ (kg)

17 ① $\dfrac{1}{6}$ ② $\dfrac{1}{20}$ ③ $\dfrac{1}{42}$ ④ $\dfrac{1}{72}$

$\Rightarrow \dfrac{1}{6}>\dfrac{1}{20}>\dfrac{1}{42}>\dfrac{1}{72}$이므로
계산 결과가 가장 큰 곱셈식은 ①입니다.

18 $\dfrac{5000}{50000}\times100=10$ (%)

19 $10\times6\times4=240$ (cm³)

20 $8\times8\times6=384$ (cm²)

32~35쪽	기초성취도 평가	수학 2회

1 0.45　　　　**2** ④
3 ②　　　　**4** ③
5 ①　　　　**6** ④
7 ②　　　　**8** ②
9 5　　　　**10** ②
11 ①　　　　**12** ④
13 3600, 3500, 3600　　**14** ②
15 바구니　　**16** $\dfrac{7}{4}\left(=1\dfrac{3}{4}\right)$
17 ④　　　　**18** ②
19 ③　　　　**20** ③

1 27은 6으로 나누어떨어지지 않으므로 2.7을 분모가 100인 분수로 나타냅니다.
$2.7\div6=\dfrac{27}{10}\div6=\dfrac{270}{100}\div6$
$=\dfrac{270\div6}{100}=\dfrac{45}{100}=0.45$

2 선대칭도형에서 각각의 대응각의 크기는 같습니다.
각 ㄹㄷㄴ의 대응각은 각 ㄱㄴㄷ이므로 110°입니다.

3 31.92에 ㉠을 곱해 319.2가 되었으므로 소수점이 오른쪽으로 한 자리 옮겨졌습니다. ㉠은 10입니다.
$\Rightarrow 31.92\times10=319.2$

4 각기둥은 다각형인 밑면이 2개이고 합동입니다. 또 각기둥의 옆면은 직사각형입니다.
① 밑면이 다각형이 아니므로 각기둥이 아닙니다.
② 삼각뿔입니다.
③ 삼각기둥입니다.
④ 사각뿔입니다.

5 면 ㄴㅂㅅㄷ과 평행한 면은 면 ㄴㅂㅅㄷ과 마주 보는 면인 면 ㄱㅁㅇㄹ입니다.

6 $18 \times 16 = 288$이고 0.18은 18의 $\frac{1}{100}$배,

1.6은 16의 $\frac{1}{10}$배이므로 0.18×1.6은

288의 $\frac{1}{1000}$배인 0.288입니다.

7 전체: 11칸, 색칠한 부분: 8칸

따라서 전체에 대한 색칠한 부분의 비는 $8:11$이고 전체에 대한 색칠한 부분의 비율을 분수로 나타내면 $\frac{8}{11}$입니다.

8 $\underbrace{\frac{2}{9} \times 3}_{①} = \underbrace{\frac{2}{9} + \frac{2}{9} + \frac{2}{9}}_{③} = \underbrace{\frac{6}{9} = \frac{2}{3}}_{④}$

⇨ 계산 결과가 다른 하나는 ②입니다.

9 (사각뿔의 꼭짓점의 수) = (밑면의 변의 수) + 1
$= 4 + 1 = 5$(개)

10 ① 변 ㅂㅁ의 대응변은 변 ㄷㄱ이므로 변 ㅂㅁ의 길이는 7 cm입니다.

② 변 ㄴㄷ의 대응변은 변 ㄹㅂ이므로 변 ㄴㄷ 의 길이는 14 cm입니다.

③ 각 ㅁㄹㅂ의 대응각은 각 ㄱㄴㄷ이므로 각 ㅁㄹㅂ의 크기는 30°입니다.

④ 두 삼각형을 포개었을 때 점 ㄱ은 점 ㅁ과 완 전히 겹칩니다.

11 $51\% > 42\% > 6\% > 1\%$

⇨ 지하수가 가장 많이 이용되는 것은 51 %인 농·어업용입니다.

12 생활용 지하수는 42 %이고, 공업용 지하수는 6 %입니다.

따라서 생활용 지하수는 공업용 지하수의 $42 \div 6 = 7$(배)입니다.

13 올림: 35<u>8</u>4 ⇨ 3600

버림: 35<u>8</u>4 ⇨ 3500

반올림: 35<u>8</u>4 ⇨ 3600

14 2주일은 14일입니다.

따라서 하루에 평균 $\frac{2100}{14} = 150$(명)이 전시회 에 다녀갔습니다.

15 32는 30 이상이고 35 이하이므로 바구니에 담 습니다.

16 $7 \div 4 = \frac{7}{4} \left(= 1\frac{3}{4} \right)$ (L)

17 $163\frac{4}{5} \div 3 = \frac{819}{5} \div 3 = \frac{819 \div 3}{5}$

$= \frac{273}{5} = 54\frac{3}{5}$

18 냉장고에 있는 과일은 모두 $12 + 8 = 20$(개)입 니다.

$\frac{(귤의 수)}{(전체 과일의 수)} \times 100 = \frac{8}{20} \times 100 = 40$ (%)

19 $50\frac{3}{5} \times 10 = \frac{253}{5} \times 10 = \frac{2530}{5} = 506$ (kg)

20 (직육면체의 겉넓이)
= (합동인 세 면의 넓이의 합) × 2
⇨ $(8 \times 6 + 6 \times 5 + 8 \times 5) \times 2 = 236$ (cm²)

학업성취도 평가 문항 분석표

문항 번호	정답	영역	평가 내용	배점
1	③	도형	각뿔의 구성 요소 알아보기	4점
2	④	규칙성	비로 나타내기	4점
3	④	수와 연산	(진분수)×(진분수) 계산하기	4점
4	③	도형	각기둥의 이름 알아보기	4점
5	②	수와 연산	소수의 나눗셈에서 몫의 소수점의 위치 구하기	4점
6	⑤	수와 연산	(대분수)÷(자연수)의 몫 구하기	4점
7	⑤	측정	부피의 단위 알아보기	4점
8	②	도형	합동인 도형 찾기	4점
9	②	도형	직육면체의 면 사이의 관계 알아보기	4점
10	④	측정	반올림하여 나타내기	4점
11	⑤	수와 연산	(자연수)÷(자연수)의 몫을 분수로 나타내기	4점
12	①	수와 연산	곱의 소수점의 위치 알아보기	4점
13	④	도형	정육면체의 꼭짓점의 수 알아보기	4점
14	②	측정	이상과 이하 이해하기	4점
15	⑤	자료와 가능성	원그래프의 내용 알아보기	4점
16	①	수와 연산	소수의 나눗셈하기	4점
17	①	자료와 가능성	띠그래프 그리기	4점
18	①	자료와 가능성	일이 일어날 가능성을 말로 표현하기	4점
19	9	자료와 가능성	평균 구하기	4점
20	③	도형	선대칭도형, 점대칭도형 찾기	4점
21	360	측정	부피 구하기	5점
22	10	수와 연산	분수의 곱셈 활용하기	5점
23	660	수와 연산	소수의 곱셈 활용하기	5점
24	21	규칙성	비율이 사용되는 경우 알아보기	5점

1   ① 모서리 ② 옆면
    ③ 각뿔의 꼭짓점 ④ 높이 ⑤ 꼭짓점

2   5에 대한 2의 비에서 기준량은 5이고, 비교하는 양은 2이므로 비로 나타내면 2 : 5입니다.

3   $\dfrac{3}{4} \times \dfrac{2}{7} = \dfrac{3 \times 2}{4 \times 7} = \dfrac{6}{28}$

4   ① 사각뿔 ② 삼각기둥 ③ 사각기둥
    ④ 오각기둥 ⑤ 삼각뿔

6   $1\dfrac{2}{7} \div 5 = \dfrac{9}{7} \div 5 = \dfrac{9}{7} \times \dfrac{1}{5} = \dfrac{9}{35}$

7   $1 \text{ m}^3 = 1000000 \text{ cm}^3$이므로
    $2 \text{ m}^3 = 2000000 \text{ cm}^3$입니다.

8   모양과 크기가 같아서 포개었을 때 완전히 겹치는 두 도형을 서로 합동이라고 합니다. 주어진 도형 중에서 합동인 두 도형은 가와 다입니다.

9   직육면체에서 두 면이 만나서 이루는 각도는 90°입니다.

10   4789의 백의 자리 숫자가 7이므로 올림하여 천의 자리까지 나타내면 5000입니다.

11   ① $2 \div 6 = \dfrac{2}{6}$ ② $7 \div 2 = \dfrac{7}{2}$
     ③ $1 \div 5 = \dfrac{1}{5}$ ④ $2 \div 7 = \dfrac{2}{7}$

12   ① 34의 0.001배는 $34 \times 0.001 = 0.034$
     ② 0.34의 100배는 $0.34 \times 100 = 34$
     ③ $3.4 \times 10 = 34$ ④ $0.34 \times 100 = 34$
     ⑤ $0.034 \times 1000 = 34$

14   40은 31 이상 80 이하인 수의 범위에 들어가므로 오늘 미세 먼지 농도는 보통입니다.

15   $100 - 12 - 11 - 2 = 75 \, (\%)$

16   $19.6 \div 7$의 몫은 28의 $\dfrac{1}{10}$인 2.8입니다.

17   ㉠은 68 %이므로 종이 항목을 나타낸 것입니다.
     ㉡은 17 %이므로 캔 항목을 나타낸 것입니다.

18   회전판에 빨간색이 없으므로 화살이 빨간색에 멈출 가능성은 '불가능하다'입니다.

19   $\dfrac{9 + 4 + 20 + 3}{4} = \dfrac{36}{4} = 9(개)$

20   ㉠에 들어가는 것은 선대칭도형도 아니고 점대칭도형도 아닙니다. 따라서 ③ 4입니다.
     ㉡에 들어가는 것은 ① 1, ② 3, ⑤ 8이고, ㉢에 들어가는 것은 ④ 5입니다.

21   $12 \times 5 \times 6 = 360 \, (\text{cm}^3)$

22   $3\dfrac{2}{6} \times 3 = \dfrac{20}{6} \times 3 = \dfrac{20}{2} = 10 \, (\text{kg})$

23   소나무 100그루는 $6.6 \times 100 = 660 \, (\text{kg})$을 줄일 수 있습니다.

24   지도에서의 거리가 1 cm일 때 실제 거리는 700000 cm(=7 km)입니다.
     지도에서의 거리가 3 cm이므로 실제 거리는 $7 \times 3 = 21 \, (\text{km})$입니다.

수학

문항 번호	정답	영역	평가 내용	배점
1	⑤	수와 연산	(대분수)×(자연수) 계산하기	4점
2	①	측정	이상 알아보기	4점
3	⑤	도형	도형의 합동 알아보기	4점
4	②, ③	도형	각기둥 알아보기	4점
5	③	규칙성	비 알아보기	4점
6	③	수와 연산	(자연수)÷(자연수)의 몫을 분수로 나타내기	4점
7	①, ③	측정	m^3 알아보기	4점
8	②	도형	직육면체의 전개도 알아보기	4점
9	③	측정	올림, 버림 알아보기	4점
10	②	도형	직육면체 알아보기	4점
11	②	수와 연산	(진분수)×(진분수) 계산하기	4점
12	②	수와 연산	(소수)÷(자연수) 계산하기	4점
13	③	수와 연산	(소수)×(자연수) 계산하기	4점
14	③	자료와 가능성	띠그래프 알아보기	4점
15	42.34	수와 연산	(소수)×(소수) 계산하기	4점
16	④	자료와 가능성	일이 일어날 가능성을 말로 표현하기	4점
17	②	규칙성	비율 알아보기	4점
18	⑤	자료와 가능성	원그래프 알아보기	4점
19	①	도형	선대칭도형, 점대칭도형 알아보기	4점
20	④	도형	각기둥 알아보기	4점
21	1, 2	수와 연산	(대분수)÷(자연수) 계산하기	5점
22	8	자료와 가능성	평균 구하기	5점
23	2.4	수와 연산	(소수)÷(자연수) 계산하기	5점
24	64	측정	정육면체의 부피 구하기	5점

1 $1\dfrac{2}{3} \times 2 = \dfrac{5}{3} \times 2 = \dfrac{5 \times 2}{3} = \dfrac{10}{3} = 3\dfrac{1}{3}$

2 9에 ●로 표시하고 오른쪽으로 선을 그었으므로 9 이상인 수입니다.

3 포개었을 때 완전히 겹치는 도형은 ⑤입니다.

4 ① 원기둥 ②, ③ 각기둥 ④ 각뿔 ⑤ 원뿔

5 ③ 9에 대한 5의 비 ⇨ 5 : 9

6 (그릇 1개에 담는 물의 양)

$= 8 \div 5 = \dfrac{8}{5} = 1\dfrac{3}{5}$ (L)

7 ① 3.5 m³ = 3500000 cm³

③ 1000000 cm³ = 1 m³

8 ② 접었을 때 겹치는 면이 있으므로 직육면체의 전개도가 아닙니다.

9 3562를 올림하여 십의 자리까지 나타내면
3562 → 3570입니다.
3570을 버림하여 백의 자리까지 나타내면
3570 → 3500입니다.

10 면 ㅁㅂㅅㅇ은 면 ㄱㄴㄷㄹ과 서로 평행한 면입니다.

11 (사용한 리본의 길이) $= \dfrac{7}{10} \times \dfrac{4}{5} = \dfrac{28}{50}$ (m)

12 $1.8 \div 2 = 0.9$
⇨ 0.9 < 1이므로 0.9를 출력합니다.

13 (볼링공의 무게) $= 0.45 \times 8 = 3.6$ (kg)

14 작은 눈금 한 칸이 5 %를 나타내므로 3칸을 차지하는 단백질은 15 %입니다.

15 (액자의 넓이) $= 7.3 \times 5.8 = 42.34$ (cm²)

16 ① 불가능하다 ③, ⑤ 반반이다

17 (비율) $= \dfrac{(세로)}{(가로)} = \dfrac{24}{36} = \dfrac{2}{3}$

18 ③ 경상도의 인구는 강원도의 인구의 4배입니다.

19 ①, ③, ④ 선대칭도형
①, ② 점대칭도형
⇨ ① 선대칭도형이면서 점대칭도형입니다.

20 잘라서 생긴 두 도형은 옆면이 모두 직사각형이고, 한 도형은 두 밑면이 삼각형이므로 삼각기둥, 한 도형은 두 밑면이 사각형이므로 사각기둥입니다.

21 $2\dfrac{4}{5} \div 3 = \dfrac{14}{5} \times \dfrac{1}{3} = \dfrac{14}{15}$

$\dfrac{\blacksquare}{3} = \dfrac{\blacksquare \times 5}{3 \times 5} = \dfrac{\blacksquare \times 5}{15}$

$\dfrac{14}{15} > \dfrac{\blacksquare \times 5}{15}$에서 $14 > \blacksquare \times 5$이므로

$\blacksquare = 1, 2$가 될 수 있습니다.

22 여섯 지역의 최저 기온의 평균은
$(7 + 7 + 6 + 9 + 10 + 9) \div 6$
$= 48 \div 6 = 8$ (℃)입니다.

23 몫이 가장 크려면 나누어지는 수는 가장 크게, 나누는 수는 가장 작게 해야 합니다.
⇨ $9.6 \div 4 = 2.4$

24 정육면체의 모든 모서리의 길이가 같으므로 직육면체의 가장 짧은 모서리를 한 모서리로 하는 정육면체를 만듭니다.
⇨ (정육면체의 부피) $= 4 \times 4 \times 4 = 64$ (cm³)

55쪽 개념 확인 사회 5-2

1-1 (1) 백제 (2) 평양   **1-2** ㉠ 백제 ㉡ 신라

2-1 거란   **2-2** (2) ○

3-1 (1) 신진 사대부 (2) 정도전   **3-2** 한양

1-2 한강 유역을 차지하는 나라가 삼국 항쟁의 주도
권을 갖게 되었습니다.

2-2 서희는 거란을 상대로 송과의 관계를 끊고 거란
과 교류할 것을 약속하고, 그 대가로 압록강 동
쪽의 강동 6주를 확보했습니다.

3-2 조선이 한양을 도읍으로 삼은 것은 삼국 시대부
터 교통이 편리하고 지리적으로 많은 이점이 있
었기 때문입니다.

57쪽 개념 확인 사회 5-2

4-1 일본   **4-2** (1) 운요호 (2) 강화도

5-1 (1) 3월 1일 (2) 상하이   **5-2** 만세

6-1 모스크바 3국 외상 회의   **6-2** (1) ○

4-2 운요호 사건은 조선으로의 세력 확대를 노리던
일본이 조선을 개항시키려고 벌인 사건입니다.

5-2 일제의 탄압에도 만세 시위는 전국적으로 퍼져
나갔고, 국외에서도 만세 시위가 일어났습니다.

6-2 5·10 총선거로 뽑힌 제헌 국회 의원들은 이승만
을 초대 대통령으로 선출했습니다.

58~59쪽 교과서 체크 사회 5-2

체크 1-1 ②   **1-2** ㉠

체크 2-1 ①   **2-2** ②

체크 3-1 ①   **3-2** 시우

체크 4-1 태민   **4-2** ㉠ 프랑스 ㉡ 미국

체크 5-1 ㉡   **5-2** ④

체크 6-1 국제 연합(UN)   **6-2** (1) ○ (2) ○

체크 1-1 ①은 문무왕, ③은 광개토 대왕과 장수왕,
④는 장수왕의 업적입니다.

1-2 ㉡ 고구려는 광개토 대왕과 장수왕이, ㉢
백제는 근초고왕이 전성기를 이끌었습니다.

체크 2-1 소손녕과 담판을 벌인 인물은 서희입니다.

2-2 서희는 외교적인 노력을 통해 싸우지 않고
도 적을 돌아가게 했습니다.

체크 3-1 제시된 그림은 양반의 생활 모습입니다.

3-2 대부분 농사를 지었던 신분은 상민입니다.

체크 4-1 병인양요와 신미양요는 강화도에서 일어난
사건입니다.

4-2 서양 세력은 조선과 통상을 하고자 했으나
조선이 이를 거부하자 침략했습니다.

체크 5-1 국외에서도 만세 시위가 일어났습니다.

5-2 독립운동을 체계적으로 하기 위해서 중국
상하이에 대한민국 임시 정부를 세웠습니다.

체크 6-1 미소 공동 위원회는 한국의 독립 문제를 국
제 연합(UN)으로 넘겼습니다.

6-2 모스크바 3국 외상 회의는 한반도 문제를
어떻게 처리할지 의논한 회의입니다.

61쪽	개념 확인	사회 6-1 ❶

1-1 (1) 독재 (2) 대통령　　1-2 (1) ㉠ (2) ㉡
2-1 (1) 민주주의 (2) 직선제　2-2 (1) 전두환 (2) 직선제
3-1 (1) 모든 국민 (2) 자유　　3-2 (1) 자유 (2) 평등

1-2 이승만 정부는 부정 선거를 실시해 승리했으나 4·19 혁명으로 재선거가 실시되었고 새로운 정부가 세워졌습니다.

2-2 6월 민주 항쟁은 1987년 6월, 시민들과 학생들이 전두환 정부의 독재에 반대하고 대통령 직선제를 요구하며 전국에서 벌인 민주화 운동입니다.

3-2 모든 사람은 인간으로서 존엄과 가치를 존중받아야 하고, 자신의 의사를 스스로 결정할 수 있으며, 평등하게 대우받아야 합니다.

63쪽	개념 확인	사회 6-1 ❶

4-1 (1) 국회 의원 (2) 법 제정　4-2 (1) ○
5-1 (1) 대통령 (2) 법원　　　　5-2 (1) ㉡ (2) ㉠
6-1 삼권 분립　　　　　　　　6-2 국회

4-2 국회는 국민이 뽑은 국회 의원이 나라의 중요한 일을 의논하고 결정하는 곳으로, 입법, 예산 심의, 국정 감사 등의 일을 합니다.

5-2 정부는 국민의 안전과 행복을 위해 여러 가지 일을 하며, 법원은 법을 지키지 않은 사람을 처벌하고 사람들 사이의 다툼 등을 해결하는 일을 합니다.

6-2 우리나라에서는 국민의 자유와 권리를 보호하기 위해 국가 권력을 국회, 정부, 법원이 나누어 맡습니다.

64~65쪽	교과서 체크	사회 6-1 ❶

체크 1-1 ㉡　　　　1-2 ㉠
체크 2-1 ③　　　　2-2 (2) ○
체크 3-1 ③　　　　3-2 ㉡
체크 4-1 ③　　　　4-2 지우
체크 5-1 ㉠　　　　5-2 법원
체크 6-1 (2) ○　　　6-2 ②

체크 1-1 3·15 부정 선거에 분노한 시민들이 4·19 혁명을 일으켰습니다.

1-2 4·19 혁명으로 이승만 정부가 물러나고, 3·15 부정 선거는 무효가 되었습니다.

체크 2-1 1980년 5월 18일, 대규모 민주화 시위가 일어난 곳은 전라남도 광주입니다.

2-2 계엄군의 폭력적인 진압에 분노한 시민들은 시민군을 만들어 군인들에게 대항했습니다.

체크 3-1 6·29 민주화 선언으로 대통령 직선제와 지방 자치제가 시행되었습니다.

3-2 6월 민주 항쟁은 6·29 민주화 선언을 이끌어 내 대통령 직선제를 이뤘습니다.

체크 4-1 직접 선거의 원칙을 이야기하고 있습니다.

4-2 현수는 평등 선거, 진영이는 비밀 선거에 대해 이야기하고 있습니다.

체크 5-1 ㉡은 정부, ㉢은 법원에서 하는 일입니다.

5-2 법원은 법에 따라 재판을 하는 곳입니다.

체크 6-1 국가 기관이 국가의 권력을 나누어 가지는 민주 정치의 원리를 말합니다.

6-2 권력 분립을 나타내고 있습니다.

사회

67쪽 개념 확인 사회 6-1 ②

1-1 (1) 구입 (2) 이윤   1-2 (1) ○
2-1 (1) 자유롭게 (2) 좋은   2-2 (1) ○ (2) ○
3-1 (1) 노동력 (2) 첨단   3-2 (1) ㉡ (2) ㉠

1-2 기업은 가계에 일자리를 제공하고, 물건을 생산해 판매하거나 서비스를 제공해 이윤을 얻습니다.

2-2 우리나라는 직업 선택과 활동의 자유, 소득을 자유롭게 사용할 자유, 생산 활동의 자유 등이 보장됩니다.

3-2 1960년대 우리나라에서는 자원과 기술이 부족했지만 노동력은 풍부했기 때문에 경공업이 발달했습니다. 2000년대 이후에는 첨단 기술이 필요한 산업이나 서비스 산업 등이 발달하고 있습니다.

69쪽 개념 확인 사회 6-1 ②

4-1 (1) ㉡ (2) ㉠   4-2 (1) 양극화 (2) 노사
5-1 (1) 교류 (2) 다르기   5-2 (1) 무역 (2) 자연환경
6-1 (1) 가입 (2) 줄이는   6-2 (2) ○

4-2 경제 성장의 문제점을 해결하기 위해서는 국가, 기업, 개인 모두가 노력해야 합니다.

5-2 각 나라는 더 잘 만들 수 있는 물건을 생산하고, 이를 상호 교류하면서 경제적 이익을 얻습니다.

6-2 무역 문제로 생기는 피해를 줄이는 대책을 마련할 수 있도록 세계 여러 나라가 무역 문제를 함께 협상하고 합의하려는 노력이 필요합니다.

70~71쪽 교과서 체크 사회 6-1 ②

체크 1-1 가계   1-2 (2) ○
체크 2-1 (2) ○   2-2 ①
체크 3-1 경제 개발 5개년   3-2 ③
체크 4-1 ③   4-2 (1) 수출 (2) 수입
체크 5-1 ③   5-2 (1) ○

체크 1-1 가계는 기업에서 일하며 생산 활동에 참여한 대가로 얻은 소득으로 소비 활동을 합니다.

1-2 가계는 시장에서 생활에 필요한 물건과 서비스를 구매하고 기업은 이를 통해 이윤을 얻습니다.

체크 2-1 개인은 더 좋은 일자리를 얻으려고 다른 사람들과 경쟁합니다.

2-2 기업은 더 많은 이윤을 얻기 위해 다른 기업과 경쟁합니다.

체크 3-1 정부는 1962년부터 1980년까지 경제 개발 5개년 계획을 세웠습니다.

3-2 정부와 기업이 1990년대 후반부터 전국에 걸쳐 초고속 정보 통신망을 만들었습니다.

체크 4-1 나라마다 자연환경과 자본, 기술 등에 차이가 있어 상호 교류합니다.

4-2 우리나라는 다른 나라와 교류하는 동시에 세계 시장에서 경쟁합니다.

체크 5-1 무역 문제는 서로 자기 나라의 경제와 산업을 보호하기 때문에 발생합니다.

5-2 무역 문제가 일어났을 때에는 국제기구에 가입하여 해결합니다.

72~76쪽		**기초성취도 평가**	사회 1회
1 ④	2 ③	3 고려	4 ④
5 ④	6 ①	7 갑신정변	8 ③
9 ②	10 ①	11 ②	12 ②
13 비밀	14 ②	15 국회	16 ②
17 ④	18 ④	19 ③	20 무역

1 고조선의 법 조항을 보면 당시 사람들의 생활 모습을 짐작할 수 있습니다.

2 장수왕은 수도를 평양 지역으로 옮기고 남쪽으로 영역을 더욱 확장했습니다.

3 왕건은 고구려의 정신을 계승하기 위해 나라의 이름을 고려라고 했습니다.

4 이순신은 한산도 대첩에서 학익진 전법으로 일본 수군을 크게 물리쳤습니다.

5 광해군은 명과 후금에 같은 중요도를 두는 중립 외교를 펼쳤습니다.

6 규장각은 학자들이 학문을 연구하고 나라의 정치를 의논하던 왕실의 도서관이었습니다.

7 급진 개화파는 우정총국 개국 축하 잔치를 틈타 갑신정변을 일으켰습니다.

8 을사늑약으로 대한 제국의 외교권이 박탈되어 외국과의 조약을 자주적으로 맺을 수 없게 되었습니다.

9 일제의 강압적인 식민 통치 중에도 독립운동가들은 우리의 것을 지키기 위해 노력했습니다.

10 6·25 전쟁의 과정은 '① 북한군의 남침 → ② 국군·국제 연합군의 반격 → ④ 중국군의 개입 → ③ 전선 고착·휴전' 순입니다.

11 이승만 정부의 독재 정치와 3·15 부정 선거로 4·19 혁명이 일어났습니다.

12 6월 민주 항쟁은 대통령 직선제, 언론의 자유 보장 등의 내용이 담긴 6·29 민주화 선언을 이끌어 냈습니다.

13 선거는 국민이 자신들을 대표할 사람을 직접 뽑는 일입니다.

14 다수결의 원칙에 따라 문제를 해결할 때에는 소수의 의견을 존중해야 합니다.

15 국회에서는 법 제정, 예산 심의, 국정 감사 등의 일을 합니다. 법을 만드는 일은 국회에서 하는 가장 중요한 일입니다.

16 정부는 법에 따라 나라의 살림을 맡아 하는 곳으로, 국방부는 국토를 방위하는 일을 담당합니다.

17 시장은 물건을 사고파는 곳으로, 가계와 기업은 다양한 형태의 시장에서 만나고 있습니다. 전통 시장은 눈에 보이는 물건을 사고파는 시장입니다.

18 자유롭게 경쟁하는 경제 활동은 우리 생활에 도움이 됩니다.

19 우리나라는 1980년대에 자동차를 본격적으로 해외에 수출하기 시작하면서 자동차, 기계 산업이 크게 발전했습니다.

20 나라마다 자연환경, 자원, 기술 등에 차이가 있기 때문에 무역이 발생합니다.

77~81쪽 **기초성취도 평가** 사회 2회

1 ③	2 강감찬	3 ④	4 ①
5 ④	6 ④	7 을사늑약	8 ①
9 ③	10 ①	11 4·19 혁명	
12 ①	13 선우	14 ③	15 ②
16 ③	17 ㉠	18 ③	19 ②
20 ②			

1 『삼국유사』에 따르면 하늘에서 내려온 환웅과 곰에서 사람이 된 웅녀 사이에 태어난 단군왕검이 고조선을 건국했다고 전해집니다.

2 고려는 거란의 침입을 예상해 강감찬에게 물자를 준비시키고 군사를 훈련시키게 했습니다.

3 상감 청자는 ① 다양한 용도로 쓰였고, ② 고려 시대를 대표하는 문화유산이며, ③ 만들기가 어렵고 가치가 높은 제품이었습니다.

4 ① 청자는 고려 시대의 문화유산입니다.

5 수원 화성은 조선의 새로운 과학 기술과 지식을 활용해 건설되었습니다.

6 흥선 대원군은 한양과 전국 각지에 척화비를 세우고 통상 수교 거부 정책을 강화했습니다.

7 고종은 을사늑약이 무효임을 국제 사회에 알리고자 노력했으나 성과를 거두지 못했습니다.

8 토지 조사 사업으로 어떤 농민들은 땅을 잃기도 했습니다.

9 광복 후에는 아침마다 외워야 했던 황국 신민 서사를 더는 외울 필요가 없었습니다.

10 중국군이 압록강을 넘어 전쟁에 개입하면서 국군과 국제 연합군은 다시 후퇴했습니다.

11 이승만 정부의 3·15 부정 선거에 대항하여 전국 각지에서 4·19 혁명이 일어났습니다.

12 4·19 혁명, 5·18 민주화 운동, 6월 민주 항쟁은 우리나라의 대표적인 민주화 운동입니다.

13 보통 선거, 평등 선거, 직접 선거, 비밀 선거의 원칙에 따라 투표가 이루어지고 있습니다.

14 국회는 국민의 대표인 국회 의원들이 나라의 중요한 일을 의논하고 결정하는 곳입니다.

15 사람들은 다툼이 생기거나 억울한 일을 당했을 때 법원에서 재판으로 문제를 해결합니다.

16 가계는 기업의 생산 활동에 참여하고 얻은 소득으로 기업에서 생산한 물건과 서비스를 구입합니다.

17 ㉠은 철강 산업, ㉡은 조선 산업, ㉢은 문화 콘텐츠 산업입니다.

18 정부는 환경 오염 문제를 해결하기 위해 기업에서 친환경 자동차를 개발할 수 있도록 지원 정책을 펼치고 있습니다.

19 자유 무역 협정(FTA)은 나라 간 경제 교류를 편리하고 자유롭게 하려고 맺은 약속입니다.

20 한국산 물건의 수입량을 제한하고 관세를 올리면 우리나라 기업들의 수출이 더 어려워집니다.

| 82~87쪽 | | 학업성취도 평가 문항 분석표 | | 사회 1회 |

문항 번호	정답	영역	평가 내용	배점
1	④	역사	신라 진흥왕의 업적 알기	4점
2	발해	역사	발해의 위치와 특징 알기	5점
3	①	역사	서희의 담판 살펴보기	4점
4	⑤	역사	『직지심체요절』에 대해 알기	4점
5	④	역사	세종 대에 이루어 낸 발전 알기	4점
6	②	역사	임진왜란 살펴보기	4점
7	탕평책	역사	영조의 개혁 정책 알기	5점
8	④	역사	동학 농민 운동이 일어나게 된 배경 이해하기	4점
9	③	역사	을미사변에 대해 알기	4점
10	③	역사	나라를 지키기 위한 안중근의 노력 알기	4점
11	④	역사	8·15 광복 알기	4점
12	①	역사	대한민국 정부 수립 과정 파악하기	4점
13	①	정치	4·19 혁명의 순서 알기	4점
14	6월 민주 항쟁	정치	6월 민주 항쟁에 대해 알기	5점
15	①	정치	지방 자치제에 대해 알기	4점
16	③	정치	민주 선거의 기본 원칙 알기	4점
17	①	정치	국회에서 하는 일 알기	4점
18	국무총리	정치	국무총리에 대해 알기	4점
19	⑤	경제	합리적인 선택 해 보기	4점
20	⑤	경제	환경을 생각하는 소비 알기	4점
21	경공업	경제	시대별 발달한 산업 알기	5점
22	⑤	경제	경제 성장 과정에서 나타난 문제점 알기	4점
23	②	경제	다른 나라와의 경제 교류 사례 파악하기	4점
24	⑤	경제	다른 나라와의 경제 교류가 생활에 미친 영향 알기	4점

사회

1 신라의 진흥왕은 한강 유역을 차지했고, 대가야를 흡수하고 가야 연맹을 소멸시켰습니다.

2 발해는 군사, 문화적으로 힘이 강력한 나라로 발전해 고구려의 옛 땅을 대부분 되찾았습니다.

3 거란의 1차 침입 때 서희는 적의 진영으로 가서 소손녕과 담판을 벌였습니다.

4 『직지심체요절』은 유럽에서 만든 금속 활자보다 70여 년 이상 앞서 제작되었습니다.

5 『경국대전』은 나라를 다스리는 기본적인 법전으로 세조에서 성종 대에 걸쳐 완성되었습니다.

6 임진왜란이 일어나자 이순신이 이끄는 조선 수군은 일본 수군과 싸워 모두 승리했습니다.

7 영조는 탕평책을 펼쳐 왕권을 강화하고 정치를 안정시키고자 했습니다.

8 갑신정변 이후에도 일부 양반과 지방 관리의 횡포는 여전히 심했고, 이것이 계기가 되어 동학 농민 운동이 일어났습니다.

9 일제는 외교 정책의 제안자이며 고종의 정치적 조언자 역할을 하던 명성 황후를 시해했습니다.

10 안중근은 이토 히로부미를 동양의 평화를 해치는 원흉으로 지목해 처단했습니다.

11 연합국이 전쟁에서 승리하면서 우리나라는 1945년 8월 15일에 광복을 맞이했습니다.

12 대한민국 정부 수립은 ㉠ → ㉡ → ㉢ → ㉣의 순서로 전개되었습니다.

13 시민들과 학생들은 짓밟힌 민주주의를 바로 세우고자 거리로 나섰습니다.

14 6월 민주 항쟁은 전두환 정부의 독재에 반대하고 대통령 직선제를 요구하며 일어났습니다.

15 지방 자치제를 실시해 주민들은 지역의 문제를 스스로 해결하기 위해 의견을 제시합니다.

16 평등 선거는 부자인 사람과 가난한 사람에 관계없이 누구나 한 표씩만 행사할 수 있는 것입니다.

17 국회는 국민의 대표인 국회 의원이 나라의 중요한 일을 의논하고 결정하는 곳입니다.

18 국무총리는 대통령이 업무 수행을 하지 못할 경우, 대통령이 할 일을 대신 맡아서 합니다.

19 합리적인 선택이란 품질, 디자인, 가격 등을 고려해 가장 적은 비용으로 큰 만족감을 얻을 수 있도록 선택하는 것을 말합니다.

20 가격이 더 비싸더라도 지구 환경이나 인권 보호에 도움을 주는 제품을 구매하는 경우가 있습니다.

21 1960년대에는 기업들이 섬유, 신발, 가발, 의류 등과 같은 경공업 제품을 많이 생산했습니다.

22 우리나라의 급격한 경제 성장은 여러 가지 사회 문제를 가져오기도 했습니다.

23 우리나라는 의료, 게임 등 서비스 분야에서도 세계 여러 나라와 교류하고 있습니다.

24 한 가지 음식에 여러 국가에서 수입한 재료들이 들어가 있기도 합니다.

| 88~93쪽 | | 학업성취도 평가 문항 분석표 | | 사회 2회 |

문항 번호	정답	영역	평가 내용	배점
1	④	역사	백제의 전성기를 이끈 왕의 업적 알기	4점
2	④	역사	문화유산으로 당시 사람들의 삶의 모습 살펴보기	4점
3	③	역사	고려의 건국과 후삼국의 통일 알기	4점
4	몽골	역사	몽골의 침입과 고려의 극복 과정 알기	5점
5	측우기	역사	측우기 알기	5점
6	③	역사	조선 시대의 신분에 따른 생활 모습 알기	4점
7	②	역사	정약용의 업적 알기	4점
8	⑤	역사	동학 농민 운동 알기	4점
9	④	역사	안창호의 독립을 위한 노력 알기	4점
10	③	역사	6·25 전쟁 알기	4점
11	국회 의원	역사	5·10 총선거 알기	4점
12	②	역사	3·1 운동 알기	4점
13	⑤	정치	6·29 민주화 선언에 담긴 내용 알기	4점
14	보통 선거	정치	민주 선거의 기본 원칙 알기	5점
15	③	정치	헌법에서 (국민) 주권의 원리 알기	4점
16	④	정치	국회에서 하는 일 알기	4점
17	②	정치	삼권 분립의 사례 알기	4점
18	가계	경제	경제 활동의 주체 알기	5점
19	①	경제	우리나라 경제의 특징 알기	4점
20	①	경제	바람직한 경제 활동을 위한 노력 알기	4점
21	⑤	경제	우리나라의 경제 성장 과정 알기	4점
22	③	경제	경제 성장 과정에서 나타난 문제점 알기	4점
23	④	경제	우리나라의 주요 수출품 알기	4점
24	③	경제	다른 나라와 무역 관련 문제가 일어나는 원인 알기	4점

사회

정답과 풀이 사회

1 4세기 백제의 근초고왕은 남쪽 지역으로 영역을 넓혔습니다.

2 고구려의 무용총 접객도로, 고구려 사람들의 생활 모습을 알 수 있습니다.

3 935년 신라는 스스로 고려에 항복했습니다.

4 몽골은 바다와 멀리 떨어진 지역에서 발전한 나라로, 바다에서 하는 전투에는 약했습니다.

5 측우기는 비가 내린 양을 측정할 수 있는 도구입니다.

6 상민은 대부분 농사를 지었으며 나라에 큰 공사나 일이 있을 때 불려가기도 했습니다.

7 정약용은 백성의 생활을 안정시키고 나라의 힘을 기를 수 있는 방법을 연구했습니다.

8 동학 농민 운동의 지도자 전봉준은 고부 군수의 횡포를 막기 위해 군사를 일으켰습니다.

9 안창호는 평양에 대성 학교를 세우고, 미국의 샌프란시스코에서 흥사단을 세워 한국인들의 실력을 양성하는 운동에 앞장섰습니다.

10 인천 상륙 작전의 성공으로 전쟁 상황이 남한에 유리하게 되었습니다.

11 남한에서는 1948년 5월 10일에 국회 의원을 뽑는 첫 번째 민주 선거가 실시되었습니다.

12 일제의 탄압에도 만세 시위는 전국적으로 퍼져 나갔습니다.

13 6·29 민주화 선언은 대통령 직선제, 지역감정 없애기 등의 내용을 담고 있습니다.

14 민주 선거의 기본 원칙에는 보통 선거, 평등 선거, 직접 선거, 비밀 선거가 있습니다.

15 우리나라 헌법에서는 주권이 국민에게 있음을 분명히 하고 있습니다.

16 ④는 법원에서 하는 일입니다.

17 국가 권력을 국회, 정부, 법원이 나누어 맡는데, 이를 삼권 분립이라고 합니다.

18 가계는 기업에서 일하며 생산 활동에 참여한 대가로 소득을 얻습니다.

19 기업은 보다 더 많은 이윤을 얻으려고 다른 기업과 서로 경쟁합니다.

20 정부와 시민 단체는 공정한 경제 활동을 위해 여러 가지 노력을 합니다.

21 2000년대 이후부터는 문화 콘텐츠 산업, 의료 서비스 산업이 발달하고 있습니다.

22 빈부 격차 문제를 해결하기 위해 노인, 장애인, 실업자 등을 위한 제도와 정책이 필요해졌습니다.

23 우리나라의 주요 수출품에는 반도체, 자동차, 석유 제품 등이 있습니다.

24 자국의 경제 보호 정책이나 제도의 추진으로 인해 다른 나라와 갈등을 일으킬 수 있습니다.

국가수준 학업성취도 평가 정답과 풀이 과학

101쪽 **개념 확인** 과학 5-2

1-1 (1) 먹이 사슬 (2) 먹이 그물 1-2 ⓒ

2-1 ⓒ 예 온도 ⓒ 예 햇빛 2-2 ⓒ 예 햇빛 ⓒ 물

3-1 응결 3-2 (1) 낮아 (2) 응결

1-2 먹이 그물은 실제 생태계에서 주로 볼 수 있는 먹이 관계입니다.

2-2 햇빛을 받고 물을 준 콩나물은 떡잎이 초록색 이고, 길쭉하게 자랍니다.

3-2 공기가 하늘로 올라가 온도가 낮아지면서 공기 중 수증기가 응결해 물방울이 되거나 얼음 알갱이 상태로 하늘에 떠 있는 것이 구름입니다.

103쪽 **개념 확인** 과학 5-2

4-1 먼저, 나중에

4-2 (1) 걸린 시간 (2) 빠릅니다

5-1 ② 5-2 ⓒ

6-1 (1) 푸른색 (2) 붉은색 6-2 (1) ⓒ (2) ⓒ

4-2 일정 시간 동안 이동한 물체의 빠르기는 물체가 이동한 거리로 비교합니다.

5-2 속력은 물체가 이동한 거리를 걸린 시간으로 나누어 구합니다.

6-2 페놀프탈레인 용액을 묽은 염산에 떨어뜨리면 변화가 없고, 묽은 수산화 나트륨 용액에 떨어 뜨리면 붉은색으로 변합니다.

104~105쪽 **교과서 체크** 과학 5-2

체크 1-1 ① 1-2 ⓒ 생산자 ⓒ 소비자

체크 2-1 ③ 2-2 ②

체크 3-1 (1) ⓒ (2) ⓒ 3-2 ③

체크 4-1 ③ 4-2 ⓒ

체크 5-1 ② 5-2 ④

체크 6-1 산성 6-2 ③

체크 1-1 벼는 양분을 스스로 만드는 생산자입니다.

1-2 생물 요소를 분류하는 방법입니다.

체크 2-1 생물의 수는 먹이 단계가 올라갈수록 줄어 듭니다.

2-2 메뚜기를 먹는 2차 소비자는 늘어납니다.

체크 3-1 낮에는 해풍, 밤에는 육풍이 붑니다.

3-2 낮에는 육지 위가 저기압, 바다 위가 고기압 이 됩니다.

체크 4-1 과속 방지 턱은 속력 관련 안전장치입니다.

4-2 에어백, 안전띠는 자동차에, 어린이 보호 구역 표지판은 도로에 설치되어 있습니다.

체크 5-1 산성 용액에 염기성 용액을 넣을수록 산성 이 약해집니다.

5-2 묽은 수산화 나트륨 용액은 염기성 용액이 고, 묽은 염산은 산성 용액입니다.

체크 6-1 식초는 산성 용액입니다.

6-2 제산제, 표백제는 염기성 용액입니다.

과학

107쪽　　개념 확인　　과학 6-1 ❶

1-1 (1) 자전축 (2) 동쪽　　1-2 (1) 서 (2) 동 (3) 자전축

2-1 (1) 일 년 (2) 공전, 자전　　2-2 (1) ⓒ (2) ⊙

3-1 (1) ⓒ (2) ⊙　　　　　　3-2 (1) 30 (2) 상현달, 하현달

1-2 지구는 지구의 북극과 남극을 이은 가상의 선인 자전축을 중심으로 서쪽에서 동쪽(시계 반대 방향)으로 회전합니다.

2-2 지구가 자전하기 때문에 하루 동안 태양이 움직이는 것처럼 보이고, 지구가 공전하기 때문에 계절에 따라 보이는 별자리가 달라집니다.

3-2 약 30일을 주기로 초승달, 상현달, 보름달, 하현달, 그믐달 순서로 달의 모양이 변합니다.

109쪽　　개념 확인　　과학 6-1 ❶

4-1 (1) ⓒ (2) ⊙

4-2 (1) 타지 않지만 (2) 막는 (3) 석회수

5-1 작아지기　　　　　5-2 (1) ⓒ (2) ⊙

6-1 얼음　　　　　　　6-2 ⊙

4-2 산소가 든 집기병에 향불을 넣으면 향불의 불꽃이 커지고, 이산화 탄소가 든 집기병에 향불을 넣으면 향불의 불꽃이 꺼집니다.

5-2 피스톤을 세게 누르면 피스톤이 많이 들어가고, 피스톤을 약하게 누르면 피스톤이 조금 들어갑니다.

6-2 고무풍선을 씌운 삼각 플라스크를 뜨거운 물이 든 비커에 넣으면 고무풍선이 부풀어 오릅니다.

110~111쪽　　교과서 체크　　과학 6-1 ❶

체크 1-1 ①　　　　　　1-2 ⓒ

체크 2-1 ②　　　　　　2-2 ⓒ

체크 3-1 ②　　　　　　3-2 ③

체크 4-1 <　　　　　　4-2 ⓒ

체크 5-1 경준　　　　　5-2 ①

체크 1-1 지구가 서쪽에서 동쪽으로 자전하기 때문에 하루 동안 태양이 동쪽에서 서쪽으로 움직이는 것처럼 보입니다.

1-2 밤 12시 무렵에는 남쪽 하늘에서 보름달을 볼 수 있습니다.

체크 2-1 지구는 일 년에 한 바퀴씩 공전하므로 같은 위치로 다시 돌아오는 데에는 일 년이 걸립니다.

2-2 지구는 태양을 중심으로 공전합니다.

체크 3-1 산소는 생명 유지와 같은 응급 환자의 호흡 장치에 이용됩니다.

3-2 이산화 탄소는 소화기, 탄산음료, 드라이아이스 등에 이용됩니다.

체크 4-1 잠수부가 내뿜은 공기 방울은 물 표면으로 올라올수록 커집니다.

4-2 공기 방울은 물 표면으로 올라올수록 압력이 낮아지기 때문에 더 크게 부풀어 오릅니다.

체크 5-1 온도가 낮아지면 기체의 부피가 작아지므로 페트병이 찌그러집니다.

5-2 온도가 높아지면 기체의 부피는 커지고, 온도가 낮아지면 기체의 부피는 작아집니다.

113쪽	개념 확인	과학 6-1 ②

1-1 (1) 흡수 (2) 양분　　　　1-2 (1) 흡수 (2) 지지

2-1 (1) 이동 (2) 지지 (3) 저장　　2-2 물

3-1 ⓒ　　　　　　　　　3-2 (1) 잎 (2) 뿌리, 물

1-2 뿌리는 땅속으로 뻗어 물을 흡수하고 식물을 지지합니다. 뿌리의 뿌리털은 물을 더 잘 흡수하도록 해 줍니다.

2-2 백합 줄기 단면에서 붉게 보이는 부분은 물이 이동한 통로입니다.

3-2 증산 작용은 뿌리에서 흡수한 물이 잎의 기공을 통해 식물 밖으로 빠져나가는 것입니다.

115쪽	개념 확인	과학 6-1 ②

4-1 (1) 꺾여 (2) 그대로　　4-2 굴절, 다른

5-1 가까이, 멀리　　　　5-2 크게, 상하좌우

6-1 상하좌우　　　　　6-2 ㄱㄷ

4-2 공기와 물의 경계에서 빛이 굴절하기 때문에 물 속에 있는 동전의 모습은 실제와 다른 위치에 있는 것처럼 보입니다.

5-2 볼록 렌즈는 가까이 있는 물체는 크게 보이게 하고, 멀리 있는 물체는 상하좌우가 바뀌어 보이게 합니다.

6-2 간이 사진이에 있는 볼록 렌즈가 빛을 굴절시켜 기름종이에 상하좌우가 다른 물체의 모습을 만듭니다.

116~117쪽	교과서 체크	과학 6-1 ②

체크 1-1 ⓒ　　　　1-2 ②

체크 2-1 ⓒ　　　　2-2 ②

체크 3-1 ⓒ　　　　3-2 ③

체크 4-1 ②　　　　4-2 ⓒ

체크 5-1 ②　　　　5-2 ②

체크 6-1 프리즘　　　6-2 볼록 렌즈

체크 1-1 세포는 크기와 모양이 다양합니다.

1-2 동물 세포는 식물 세포와 다르게 세포벽이 없습니다.

체크 2-1 식물은 빛, 이산화 탄소, 뿌리에서 흡수한 물을 이용하여 양분을 만듭니다.

2-2 광합성은 주로 잎에서 일어납니다.

체크 3-1 도깨비바늘 열매는 갈고리가 있어 동물의 털이나 사람의 옷에 붙어서 퍼집니다.

3-2 벚나무는 열매가 새에게 먹힌 뒤에 똥과 함께 땅에 떨어져서 싹을 틔웁니다.

체크 4-1 물에 잠긴 다리는 짧아 보이고, 실제 물고기는 보이는 곳보다 더 깊은 곳에 있습니다.

4-2 물고기는 보이는 것보다 더 아래에 있습니다.

체크 5-1 볼록 렌즈로 햇빛을 모은 곳은 밝습니다.

5-2 볼록 렌즈는 햇빛을 모을 수 있습니다.

체크 6-1 프리즘은 투명한 유리나 플라스틱 등으로 만든 삼각기둥 모양의 기구입니다.

6-2 볼록 렌즈는 물체를 확대하거나 빛을 모읍니다.

과학

1 ④	2 ②	3 ③	4 ②
5 (1) ○	6 주원	7 ①	8 ②
9 ④	10 ①	11 ③	12 ④
13 이산화 탄소		14 ㉠	15 ③
16 세포벽	17 ③	18 ③	19 ③
20 ②			

1 분해자는 주로 죽은 생물이나 배출물을 분해하여 양분을 얻는 생물로 곰팡이, 세균, 버섯 등이 있습니다.

▲ 곰팡이　　　　▲ 버섯

2 생태계에서 먹이 관계가 사슬처럼 연결되어 있는 것은 먹이 사슬이고, 여러 개의 먹이 사슬이 얽혀 그물처럼 연결되어 있는 것은 먹이 그물입니다.

3 다람쥐가 겨울잠을 자는 행동은 추운 겨울을 지내기 유리하게 적응된 결과입니다.

4 습도가 낮을 때에는 증발이 잘 일어나 빨래가 잘 마르지만 산불이 발생하기 쉽습니다.

5 비는 구름 속 작은 물방울들이 합쳐지면서 무거워져 떨어지거나 크기가 커진 얼음 알갱이가 무거워져 떨어지면서 녹은 것입니다.

6 일정한 거리를 이동하는 데 가장 짧은 시간이 걸린 친구가 가장 빠릅니다.

7 속력은 물체가 이동한 거리를 걸린 시간으로 나누어 구합니다.

8 묽은 염산에 달걀 껍데기나 대리석 조각을 넣으면 기포가 발생하며 녹지만 삶은 달걀 껍데기나 두부를 넣으면 아무 변화가 없습니다.

9 페놀프탈레인 용액을 붉은색으로 변하게 하는 것은 염기성 용액입니다. 묽은 수산화 나트륨 용액은 염기성 용액이고, 레몬즙, 사이다, 묽은 염산은 산성 용액입니다.

10 생선을 손질한 도마에서 나는 냄새를 식초로 닦아 내거나 변기를 청소할 때 변기용 세제를 사용하는 것은 일상생활에서 산성 용액을 이용하는 예입니다.

11 지구의 자전축은 지구가 자전할 때 중심이 되는 축으로, 지구의 북극과 남극을 이은 가상의 직선입니다.

12 주어진 그림에서 저녁 7시에 초승달은 서쪽 하늘, 상현달은 남쪽 하늘, 보름달은 동쪽 하늘에서 보입니다.

13 진한 식초와 탄산수소 나트륨을 이용하여 이산화 탄소를 발생시킬 수 있습니다.

14 따뜻한 음식에 비닐 랩을 씌우면 처음에는 윗면이 부풀어 올랐다가 음식이 식으면 윗면이 오목하게 들어갑니다.

15 비행선이나 풍선을 공중에 띄울 때에는 헬륨을 이용합니다.

16 세포는 세포막으로 둘러싸여 있고, 안에 둥근 모양의 핵이 있습니다. 식물 세포는 세포벽이 세포막의 바깥쪽을 둘러싸고 있지만, 동물 세포는 세포벽이 없습니다.

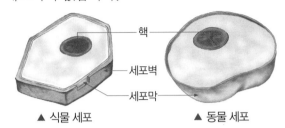

▲ 식물 세포   ▲ 동물 세포

17 줄기는 껍질로 싸여 있어서 외부(곤충)의 침입을 막아 주고 추위와 더위로부터 보호해 주며, 식물을 지지합니다.

18 ㉠은 수술에서 만들어지는 꽃가루이고, ㉡은 암술입니다. 꽃가루받이는 곤충, 새, 바람, 물 등의 도움으로 이루어집니다.

19 컵에 물을 붓지 않았을 때는 젓가락이 반듯하게 보이지만 물을 부은 다음에는 젓가락이 꺾여 보입니다.

20 볼록 렌즈로 햇빛을 모으면 햇빛을 모은 곳은 온도가 높기 때문에 볼록 렌즈로 종이를 태울 수 있습니다.

123~127쪽	기초성취도 평가		과학 2회
1 ①	2 ㉢	3 ④	4 ③
5 ②	6 ③	7 ㉠ 긴 ㉡ ㈏	
8 ㉢	9 ①	10 ③	11 ③
12 ㉠ 동 ㉡ 서		13 ④	14 ③
15 ②	16 세포막	17 ②	18 ①
19 ②	20 ②		

1 다람쥐와 강아지풀은 생물 요소이고, 햇빛은 비생물 요소입니다.

2 물이 오염되면 물이 더러워지고 악취가 나며 그곳에 사는 물고기는 산소가 부족하여 죽기도 합니다.

3 메뚜기는 벼, 옥수수 등과 같은 식물을 먹고, 개구리는 메뚜기 등을 먹습니다.

4 구름 속 작은 물방울이나 얼음 알갱이가 점점 커지고 무거워져서 떨어질 때 지표면에 가까워지면서 비나 눈이 됩니다. 안개는 지표면 근처에 떠 있고, 이슬은 물체 표면에 맺힙니다.

▲ 안개   ▲ 이슬

5 낮에는 바다에서 육지로 해풍이 불고, 밤에는 육지에서 바다로 육풍이 붑니다.

▲ 해풍

6 조정과 수영은 일정한 거리를 이동하는 데 걸린 시간을 측정해 빠르기를 비교합니다.

7 일정한 시간 동안 긴 거리를 이동한 (나) 종이 자동차가 (가) 종이 자동차보다 더 빠릅니다.

8 속력과 관련된 안전장치에는 과속 방지 턱, 어린이 보호 구역 표지판, 에어백, 안전띠 등이 있습니다.

9 대리석으로 만들어진 보문사 연혁비는 산성을 띤 빗물 등에 훼손될 수 있습니다.

10 생선을 손질한 도마를 식초로 닦아 내는 것은 산성 용액을 이용하는 예입니다.

11 지구의를 회전시키면 낮과 밤이 바뀝니다.

12 태양이 진 직후 보름달은 동쪽 하늘에서 보이고, 상현달은 남쪽 하늘, 초승달은 서쪽 하늘에서 보입니다.

13 (1)의 답은 자전축, (2)의 답은 자전, (3)의 답은 낮, (4)의 답은 밤, (5)의 답은 공전입니다. 답의 별을 선으로 연결하면 W자 모양의 카시오페이아자리가 됩니다.

14 이산화 탄소는 물질이 타는 것을 막는 성질이 있어 소화기에 이용됩니다.

▲ 이산화 탄소가 든 집기병에 향불을 넣으면 향불이 꺼짐.

15 온도가 높아지면 기체의 부피는 커지고, 온도가 낮아지면 기체의 부피가 작아집니다.

16 식물 세포와 동물 세포는 공통적으로 핵과 세포막이 있고, 크기가 매우 작습니다.

17 뿌리를 자르지 않은 양파를 올려놓은 비커의 물이 더 많이 줄어든 것을 통해 뿌리는 물을 흡수하는 기능이 있음을 알 수 있습니다.

18 벼는 바람, 사과나무는 곤충, 동백나무는 새에 의해 꽃가루받이가 이루어집니다.

19 빛은 공기 중에서 물로 비스듬히 나아갈 때나 물에서 공기 중으로 비스듬히 나아갈 때 공기와 물의 경계에서 꺾입니다. 이와 같이 서로 다른 물질의 경계에서 빛이 꺾여 나아가는 현상을 빛의 굴절이라고 합니다.

▲ 공기와 물의 경계에서 레이저 지시기의 빛을 비추었을 때

20 볼록 렌즈로 햇빛을 모은 곳은 온도가 높기 때문에 볼록 렌즈로 종이를 태울 수 있습니다.

128~133쪽

학업성취도 평가 문항 분석표

과학 1회

문항 번호	정답	영역	평가 내용	배점
1	②	생명	생태계의 구성 요소 알아보기	4점
2	②	생명	사례를 통한 생태계 평형 알아보기	4점
3	④	생명	생물에 영향을 미치는 비생물 요소 알아보기	4점
4	㉠ 응결 ㉡ 안개 ㉢ 구름	지구와 우주	이슬, 안개, 눈, 비의 생성 과정 알아보기	5점
5	⑤	지구와 우주	지면과 수면의 하루 동안의 온도 변화 알아보기	4점
6	⑤	지구와 우주	계절별 날씨에 영향을 미치는 공기 덩어리 알아보기	4점
7	③	운동과 에너지	여러 가지 교통수단의 빠르기 비교하기	4점
8	빛	운동과 에너지	물체의 속력 비교하기	5점
9	③	운동과 에너지	속력과 관련된 안전장치 알아보기	4점
10	①	물질	여러 가지 용액의 분류 기준 알아보기	4점
11	㉠ 붉은색 ㉡ 노란색	물질	자주색 양배추 지시약을 이용한 용액 분류하기	4점
12	⑤	물질	산성 용액의 성질 알아보기	4점
13	②	지구와 우주	하루 동안 지구의 움직임 알아보기	4점
14	⑤	지구와 우주	일 년 동안 지구의 움직임 알아보기	4점
15	④	지구와 우주	달의 모양 변화 관찰하기	4점
16	산소	물질	산소를 발생시키는 데 필요한 물질 알아보기	5점
17	④	물질	이산화 탄소의 성질 알아보기	4점
18	청바지	물질	온도와 압력에 따른 기체의 부피 변화 알아보기	5점
19	①	생명	식물과 동물의 세포 구조 알아보기	4점
20	③	생명	잎이 하는 일 알아보기	4점
21	⑤	생명	꽃의 생김새와 하는 일 알아보기	4점
22	④	운동과 에너지	빛이 굴절되어 나타나는 현상 이해하기	4점
23	⑤	운동과 에너지	간이 사진기로 관찰한 물체의 모습 알아보기	4점
24	⑤	운동과 에너지	볼록 렌즈를 이용한 기구 알아보기	4점

1 살아 있는 것은 생물 요소라고 하고, 살아 있지 않은 것은 비생물 요소라고 합니다.

2 늑대는 사슴을 사냥하여 사슴의 수는 조금씩 줄어들 것이고, 강가의 식물은 다시 잘 자라게 되어 비버의 수는 늘어날 것입니다.

3 모두 온도가 생물의 생활에 영향을 준 것입니다.

4 구름에서 떨어지는 것은 비나 눈이고, 안개는 수증기가 응결해 작은 물방울로 떠 있는 것입니다.

5 밤에는 지면이 수면보다 빨리 식으므로 지면의 온도가 수면의 온도보다 낮습니다.

6 ⓒ은 따뜻하고 건조한 공기 덩어리로, 봄, 가을에 영향을 미칩니다.

7 배는 3시간 동안 120 km를 이동하므로, 같은 시간 동안 240 km를 이동하는 자동차보다 느립니다.

8 빛의 속력은 약 30만 km/s이고, 소리의 속력은 약 340 m/s이므로 빛이 소리보다 더 빠릅니다.

9 안전띠는 긴급 상황에서 탑승자의 몸을 고정해 줍니다.

10 식초, 유리 세정제, 사이다, 석회수, 묽은 수산화 나트륨 용액, 묽은 염산은 투명합니다.

11 자주색 양배추 지시약은 산성 용액에서는 붉은색 계열의 색깔로 변하고, 염기성 용액에서는 푸른색 이나 노란색 계열의 색깔로 변합니다.

12 대리석은 산성 용액에 녹기 때문에 대리석으로 만들어진 석탑은 산성 물질에 훼손될 수 있습니다.

13 지구의를 서쪽에서 동쪽으로 회전시키면 멈추어 있는 전등이 지구의 위에 있는 관측자 모형에게 동쪽에서 서쪽으로 움직이는 것처럼 보입니다.

14 지구가 한 바퀴 공전하는 데에는 일 년이 걸립니다.

15 달의 모양은 약 30일을 주기로 변하며, 음력 2~3일 무렵에는 초승달, 음력 15일 무렵에는 보름달, 음력 22~23일 무렵에는 하현달을 볼 수 있습니다.

16 산소를 발생시키는 데에는 이산화 망가니즈와 과산화 수소수가 필요합니다.

17 이산화 탄소는 다른 물질이 타는 것을 막는 성질이 있습니다.

18 물이 조금 담긴 페트병을 마개로 막아 냉장고에 넣으면 부피가 작아지고, 하늘 위로 올라가는 고무풍선은 부피가 커집니다.

19 ㉠은 핵, ㉡은 세포벽, ㉢은 세포막입니다.

20 광합성은 주로 잎에서 일어납니다.

21 ㉠은 암술로, 암술은 꽃가루받이를 거쳐 씨를 만듭니다.

22 빛이 공기와 물의 경계에서 굴절하기 때문에 물속에 있는 물체의 모습이 실제와 다른 위치에 있는 것처럼 보입니다.

23 간이 사진기에 있는 볼록 렌즈가 빛을 굴절시키기 때문에 기름종이에 상하좌우가 다른 물체의 모습을 만듭니다.

24 현미경, 확대경, 돋보기안경은 모두 볼록 렌즈를 이용해 만든 기구입니다.

학업성취도 평가 문항 분석표

문항 번호	정답	영역	평가 내용	배점
1	⑤	생명	생태계를 구성하는 생물의 먹이 관계 알아보기	4점
2	④	생명	햇빛과 물이 콩나물의 자람에 미치는 영향 알아보기	4점
3	③	생명	다양한 환경에 적응한 생물의 예 알아보기	4점
4	85	지구와 우주	습도를 측정하는 방법 알아보기	5점
5	④	지구와 우주	이슬, 안개, 구름의 공통점 알아보기	4점
6	(개) 봄, 가을 (내) 여름 (대) 겨울	지구와 우주	계절별 날씨에 영향을 미치는 공기 덩어리 알아보기	5점
7	③	운동과 에너지	물체의 운동 알아보기	4점
8	②	운동과 에너지	일정한 거리를 이동한 물체의 빠르기 비교하기	4점
9	⑤	운동과 에너지	속력과 관련된 안전장치 알아보기	4점
10	②	물질	여러 가지 용액 분류하기	4점
11	③	물질	리트머스 종이로 여러 가지 용액 분류하기	4점
12	③	물질	산성 용액과 염기성 용액을 이용하는 예 알아보기	4점
13	②	지구와 우주	하루 동안 달의 위치 변화 알아보기	4점
14	⑤	지구와 우주	낮과 밤이 생기는 까닭 알아보기	4점
15	④	지구와 우주	여러 날 동안 달의 모양 변화 알아보기	4점
16	(내)	물질	이산화 탄소의 성질 알아보기	5점
17	④	물질	압력 변화에 따른 액체의 부피 변화 알아보기	4점
18	②	물질	온도 변화에 따른 기체의 부피 변화 알아보기	4점
19	②	생명	뿌리가 하는 일 알아보기	4점
20	①	생명	줄기가 하는 일 알아보기	4점
21	○	생명	잎에 도달한 물의 이동 알아보기	4점
22	①	운동과 에너지	빛의 굴절 알아보기	4점
23	(내)	운동과 에너지	볼록 렌즈로 물체를 보았을 때 물체의 모습 알아보기	5점
24	⑤	운동과 에너지	간이 사진기를 만드는 과정 알아보기	4점

과

학

1 실제 생태계에서 먹이 관계는 먹이 사슬보다 먹이 그물의 형태로 나타납니다.

2 떡잎이 초록색인 것은 햇빛을 받은 조건에서 자란 것이고, 떡잎 아래 몸통이 가늘어지고 시든 것은 물을 주지 않은 조건에서 자란 것입니다.

3 생물은 생김새와 생활 방식 등을 통하여 환경에 적응됩니다.

4 건구 온도가 27 ℃, 건구 온도와 습구 온도의 차가 2 ℃이므로 현재 습도는 85 %입니다.

5 이슬, 안개, 구름 모두 수증기가 응결해 나타나는 현상입니다.

6 우리나라는 봄과 가을에는 남서쪽 대륙, 여름에는 남동쪽 바다, 겨울에는 북서쪽 대륙에서 이동해 오는 공기 덩어리의 영향을 받습니다.

7 자동차는 1초 동안 위치가 변했으므로 운동한 물체입니다.

8 민준이는 윤미보다 50 m를 이동하는 데 걸린 시간이 더 길기 때문에 더 느리게 달렸습니다.

9 과속 방지 턱은 자동차의 달리는 속력을 줄이기 위해 도로에 설치한 것입니다.

10 냄새가 나는 용액과 냄새가 나지 않는 용액으로 분류한 것입니다.

11 붉은색 리트머스 종이에 떨어뜨렸을 때 푸른색으로 변하는 용액은 염기성 용액입니다.

12 ㉡, ㉢은 산성 용액, ㉠, ㉣은 염기성 용액을 이용하는 예입니다.

13 지구가 서쪽에서 동쪽으로 자전하기 때문에 하루 동안 달이 동쪽에서 서쪽으로 움직이는 것처럼 보입니다.

14 지구는 자전을 하기 때문에 하루 동안 태양 빛을 받는 쪽이 바뀝니다.

15 왼쪽이 볼록한 모양인 하현달은 음력 22~23일 무렵에 볼 수 있습니다.

16 다른 물질이 타는 것을 돕는 성질이 있는 것은 산소입니다.

17 물과 같은 액체는 압력을 가해도 부피가 변하지 않습니다.

18 온도가 높아지면 기체의 부피는 커지고, 온도가 낮아지면 기체의 부피는 작아집니다.

19 뿌리는 땅속으로 뻗어 식물을 지지하고 뿌리털로 물을 흡수합니다.

20 백합 줄기의 단면에 붉은 색소 물이 든 부분은 물이 이동하는 통로입니다.

21 잎이 있는 모종에 씌운 비닐봉지 안에만 물이 생겼으므로 잎에서 물이 나와 비닐봉지 안에 물이 생겼을 것이라는 가설은 맞는 가설입니다.

22 서로 다른 물질의 경계에서 빛이 꺾여 나아가는 현상을 빛의 굴절이라고 합니다.

23 볼록 렌즈로 멀리 있는 물체를 보면 상하좌우가 바뀌어 보이기도 합니다.

24 간이 사진기 만들기 순서는 '㉠ → ㉣ → ㉢ → ㉡'입니다.

꿈을위한 동행

축구선수, 래퍼, 선생님, 요리사...
배움을 통해 아이들은 꿈을 꿉니다.

학교에서 공부하고, 뛰어놀고 싶은 마음을
잠시 미뤄둔 친구들이 있습니다.
어린이 병동에 입원해 있는 아이들.

이 아이들도 똑같이 공부하고
맘껏 꿈 꿀 수 있어야 합니다.
천재교육 학습봉사단은
직접 병원으로 찾아가
같이 공부하고 얘기를 나눕니다.

함께 하는 시간이
아이들이 꿈을 키우는 밑바탕이 되길 바라며
천재교육은 앞으로도
나눔을 실천하며 세상과 소통하겠습니다.

천재교육

정답은
이안에
있어！